LETÃO
VOCABULÁRIO

PALAVRAS MAIS ÚTEIS

PORTUGUÊS LETÃO

Para alargar o seu léxico e apurar as suas competências linguísticas

5000 palavras

Vocabulário Português-Letão - 5000 palavras
Por Andrey Taranov

Os vocabulários da T&P Books destinam-se a ajudar a aprender, a memorizar, e a rever palavras estrangeiras. O dicionário é dividido em temas, cobrindo todas as principais esferas de atividades quotidianas, negócios, ciência, cultura, etc.

O processo de aprendizagem, utilizando os dicionários baseados em temáticas da T&P Books dá-lhe as seguintes vantagens:

- Informação de origem corretamente agrupada predetermina o sucesso em fases subsequentes da memorização de palavras
- Disponibilização de palavras derivadas da mesma raiz, o que permite a memorização de unidades de texto (em vez de palavras separadas)
- Pequenas unidades de palavras facilitam o processo de estabelecimento de vínculos associativos necessários para a consolidação do vocabulário
- O nível de conhecimento da língua pode ser estimado pelo número de palavras aprendidas

Copyright © 2019 T&P Books Publishing

Todos os direitos reservados. Nenhuma parte desta publicação pode ser reproduzida, total ou parcialmente, por quaisquer métodos ou processos, sejam eles eletrónicos, mecânicos, de fotocópia ou outros, sem a autorização escrita do editor. Esta publicação não pode ser divulgada, copiada ou distribuída em nenhum formato.

T&P Books Publishing
www.tpbooks.com

ISBN: 978-1-78400-923-6

Este livro também está disponível em formato E-book.
Por favor visite www.tpbooks.com ou as principais livrarias on-line.

VOCABULÁRIO LETÃO
palavras mais úteis

Os vocabulários da T&P Books destinam-se a ajudar a aprender, a memorizar, e a rever palavras estrangeiras. O vocabulário contém mais de 5000 palavras de uso comum organizadas tematicamente.

O vocabulário contém as palavras mais comummente usadas
Recomendado como adicional para qualquer curso de línguas
Satisfaz as necessidades dos iniciados e dos alunos avançados de línguas estrangeiras
Conveniente para o uso diário, sessões de revisão e atividades de auto-teste
Permite avaliar o seu vocabulário

Características especias do vocabulário

- As palavras estão organizadas de acordo com o seu significado, e não por ordem alfabética
- As palavras são apresentadas em três colunas para facilitar os processos de revisão e auto-teste
- As palavras compostas são divididas em pequenos blocos para facilitar o processo de aprendizagem
- O vocabulário oferece uma transcrição simples e adequada de cada palavra estrangeira

O vocabulário contém 155 tópicos incluindo:

Conceitos básicos, Números, Cores, Meses, Estações do ano, Unidades de medida, Roupas & Acessórios, Alimentos & Nutrição, Restaurante, Membros da Família, Parentes, Caráter, Sentimentos, Emoções, Doenças, Cidade, Passeios, Compras, Dinheiro, Casa, Lar, Escritório, Trabalho no Escritório, Importação & Exportação, Marketing, Pesquisa de Emprego, Desportos, Educação, Computador, Internet, Ferramentas, Natureza, Países, Nacionalidades e muito mais ...

T&P Books. Vocabulário Português-Letão - 5000 palavras

TABELA DE CONTEÚDOS

Guia de pronunciação	9
Abreviaturas	11

CONCEITOS BÁSICOS	12
Conceitos básicos. Parte 1	12

1. Pronomes	12
2. Cumprimentos. Saudações. Despedidas	12
3. Como se dirigir a alguém	13
4. Números cardinais. Parte 1	13
5. Números cardinais. Parte 2	14
6. Números ordinais	15
7. Números. Frações	15
8. Números. Operações básicas	15
9. Números. Diversos	15
10. Os verbos mais importantes. Parte 1	16
11. Os verbos mais importantes. Parte 2	17
12. Os verbos mais importantes. Parte 3	18
13. Os verbos mais importantes. Parte 4	19
14. Cores	20
15. Questões	20
16. Preposições	21
17. Palavras funcionais. Advérbios. Parte 1	21
18. Palavras funcionais. Advérbios. Parte 2	23

Conceitos básicos. Parte 2	25
19. Dias da semana	25
20. Horas. Dia e noite	25
21. Meses. Estações	26
22. Unidades de medida	28
23. Recipientes	29

O SER HUMANO	30
O ser humano. O corpo	30
24. Cabeça	30
25. Corpo humano	31

Vestuário & Acessórios	32
26. Roupa exterior. Casacos	32
27. Vestuário de homem & mulher	32

28. Vestuário. Roupa interior	33
29. Adereços de cabeça	33
30. Calçado	33
31. Acessórios pessoais	34
32. Vestuário. Diversos	34
33. Cuidados pessoais. Cosméticos	35
34. Relógios de pulso. Relógios	36

Alimentação. Nutrição 37

35. Comida	37
36. Bebidas	38
37. Vegetais	39
38. Frutos. Nozes	40
39. Pão. Bolaria	41
40. Pratos cozinhados	41
41. Especiarias	42
42. Refeições	43
43. Por a mesa	44
44. Restaurante	44

Família, parentes e amigos 45

| 45. Informação pessoal. Formulários | 45 |
| 46. Membros da família. Parentes | 45 |

Medicina 47

47. Doenças	47
48. Sintomas. Tratamentos. Parte 1	48
49. Sintomas. Tratamentos. Parte 2	49
50. Sintomas. Tratamentos. Parte 3	50
51. Médicos	51
52. Medicina. Drogas. Acessórios	51

HABITAT HUMANO 53
Cidade 53

53. Cidade. Vida na cidade	53
54. Instituições urbanas	54
55. Sinais	55
56. Transportes urbanos	56
57. Turismo	57
58. Compras	58
59. Dinheiro	59
60. Correios. Serviço postal	60

Moradia. Casa. Lar 61

| 61. Casa. Eletricidade | 61 |

62. Moradia. Mansão	61
63. Apartamento	61
64. Mobiliário. Interior	62
65. Quarto de dormir	63
66. Cozinha	63
67. Casa de banho	64
68. Eletrodomésticos	65

ATIVIDADES HUMANAS	66
Emprego. Negócios. Parte 1	66
69. Escritório. O trabalho no escritório	66
70. Processos negociais. Parte 1	67
71. Processos negociais. Parte 2	68
72. Produção. Trabalhos	69
73. Contrato. Acordo	70
74. Importação & Exportação	71
75. Finanças	71
76. Marketing	72
77. Publicidade	73
78. Banca	73
79. Telefone. Conversação telefónica	74
80. Telefone móvel	75
81. Estacionário	75
82. Tipos de negócios	76

Emprego. Negócios. Parte 2	78
83. Espetáculo. Feira	78
84. Ciência. Investigação. Cientistas	79

Profissões e ocupações	81
85. Procura de emprego. Demissão	81
86. Gente de negócios	81
87. Profissões de serviços	82
88. Profissões militares e postos	83
89. Oficiais. Padres	84
90. Profissões agrícolas	84
91. Profissões artísticas	85
92. Várias profissões	85
93. Ocupações. Estatuto social	87

Educação	88
94. Escola	88
95. Colégio. Universidade	89
96. Ciências. Disciplinas	90
97. Sistema de escrita. Ortografia	90
98. Línguas estrangeiras	91

Descanso. Entretenimento. Viagens	93
99. Viagens	93
100. Hotel	93

EQUIPAMENTO TÉCNICO. TRANSPORTES — 95
Equipamento técnico. Transportes — 95

101. Computador	95
102. Internet. E-mail	96
103. Eletricidade	97
104. Ferramentas	97

Transportes — 100

105. Avião	100
106. Comboio	101
107. Barco	102
108. Aeroporto	103

Eventos — 105

109. Férias. Evento	105
110. Funerais. Enterro	106
111. Guerra. Soldados	106
112. Guerra. Ações militares. Parte 1	107
113. Guerra. Ações militares. Parte 2	109
114. Armas	110
115. Povos da antiguidade	112
116. Idade média	112
117. Líder. Chefe. Autoridades	114
118. Viloação da lei. Criminosos. Parte 1	115
119. Viloação da lei. Criminosos. Parte 2	116
120. Polícia. Lei. Parte 1	117
121. Polícia. Lei. Parte 2	118

NATUREZA — 120
A Terra. Parte 1 — 120

122. Espaço sideral	120
123. A Terra	121
124. Pontos cardeais	122
125. Mar. Oceano	122
126. Nomes de Mares e Oceanos	123
127. Montanhas	124
128. Nomes de montanhas	125
129. Rios	125
130. Nomes de rios	126
131. Floresta	126
132. Recursos naturais	127

A Terra. Parte 2	129
133. Tempo	129
134. Tempo extremo. Catástrofes naturais	130

Fauna	131
135. Mamíferos. Predadores	131
136. Animais selvagens	131
137. Animais domésticos	132
138. Pássaros	133
139. Peixes. Animais marinhos	135
140. Amfíbios. Répteis	135
141. Insetos	136

Flora	137
142. Árvores	137
143. Arbustos	137
144. Frutos. Bagas	138
145. Flores. Plantas	139
146. Cereais, grãos	140

PAÍSES. NACIONALIDADES	141
147. Europa Ocidental	141
148. Europa Central e de Leste	141
149. Países da ex-URSS	142
150. Asia	142
151. América do Norte	143
152. América Central do Sul	143
153. Africa	144
154. Austrália. Oceania	144
155. Cidades	144

GUIA DE PRONUNCIAÇÃO

Letra	Exemplo Letão	Alfabeto fonético T&P	Exemplo Português

Vogais

A a	adata	[ɑ]	chamar
Ā ā	ābols	[ɑ:]	rapaz
E e	egle	[e], [æ]	mover
Ē ē	ērglis	[e:], [æ:]	plateia
I i	izcelsme	[i]	sinónimo
Ī ī	īpašums	[i:]	cair
O o	okeāns	[o], [o:]	noite
U u	ubags	[u]	bonita
Ū ū	ūdens	[u:]	blusa

Consoantes

B b	bads	[b]	barril
C c	cālis	[ts]	tsé-tsé
Č č	čaumala	[tʃ]	Tchau!
D d	dambis	[d]	dentista
F f	flauta	[f]	safári
G g	gads	[g]	gosto
Ģ ģ	ģitāra	[dʲ]	adiar
H h	haizivs	[h]	[h] aspirada
J j	janvāris	[j]	géiser
K k	kabata	[k]	kiwi
Ķ ķ	ķilava	[tʲ/tʃ]	semelhante a 't' em 'sitiado'
L l	labība	[l]	libra
Ļ ļ	ļaudis	[ʎ]	barulho
M m	magone	[m]	magnólia
N n	nauda	[n]	natureza
Ņ ņ	ņaudēt	[ɲ]	ninhada
P p	pakavs	[p]	presente
R r	ragana	[r]	riscar
S s	sadarbība	[s]	sanita
Š š	šausmas	[ʃ]	mês
T t	tabula	[t]	tulipa
V v	vabole	[v]	fava

Letra	Exemplo Letão	Alfabeto fonético T&P	Exemplo Português
Z z	zaglis	[z]	sésamo
Ž ž	žagata	[ʒ]	talvez

Comentários

* As letras **Qq, Ww, Xx, Yy** são usadas apenas em estrangeirismos
** O Letão oficial e, com poucas exceções, todos os dialetos da Letónia têm acentuação fixa inicial.

ABREVIATURAS
usadas no vocabulário

Abreviaturas do Português

adj	- adjetivo
adv	- advérbio
anim.	- animado
conj.	- conjunção
desp.	- desporto
etc.	- etecetra
ex.	- por exemplo
f	- nome feminino
f pl	- feminino plural
fem.	- feminino
inanim.	- inanimado
m	- nome masculino
m pl	- masculino plural
m, f	- masculino, feminino
masc.	- masculino
mat.	- matemática
mil.	- militar
pl	- plural
prep.	- preposição
pron.	- pronome
sb.	- sobre
sing.	- singular
v aux	- verbo auxiliar
vi	- verbo intransitivo
vi, vt	- verbo intransitivo, transitivo
vr	- verbo reflexivo
vt	- verbo transitivo

Abreviaturas do Letão

s	- nome feminino
s dsk	- feminino plural
v	- nome masculino
v dsk	- masculino plural
v, s	- masculino, feminino

CONCEITOS BÁSICOS

Conceitos básicos. Parte 1

1. Pronomes

eu	es	[es]
tu	tu	[tu]
ele	viņš	[viɲʃ]
ela	viņa	[viɲa]
ele, ela (neutro)	tas	[tas]
nós	mēs	[me:s]
vocês	jūs	[ju:s]
eles, elas	viņi	[viɲi]

2. Cumprimentos. Saudações. Despedidas

Olá!	Sveiki!	[svɛiki!]
Bom dia! (formal)	Esiet sveicināts!	[ɛsiɛt svɛitsina:ts!]
Bom dia! (de manhã)	Labrīt!	[labri:t!]
Boa tarde!	Labdien!	[labdiɛn!]
Boa noite!	Labvakar!	[labvakar!]
cumprimentar (vt)	sveicināt	[svɛitsina:t]
Olá!	Čau!	[tʃau!]
saudação (f)	sveiciens (v)	[svɛitsiɛns]
saudar (vt)	pasveicināt	[pasvɛitsina:t]
Como vai?	Kā iet?	[ka: iɛt?]
O que há de novo?	Kas jauns?	[kas jauns?]
Adeus! (formal)	Uz redzēšanos!	[uz redze:ʃanɔs!]
Até à vista! (informal)	Atā!	[ata:!]
Até breve!	Uz tikšanos!	[uz tikʃanɔs!]
Adeus!	Ardievu!	[ardiɛvu!]
despedir-se (vr)	atvadīties	[atvadi:tiɛs]
Até logo!	Nu tad pagaidām!	[nu tad pagaida:m!]
Obrigado! -a!	Paldies!	[paldiɛs!]
Muito obrigado! -a!	Liels paldies!	[liɛls paldiɛs!]
De nada	Lūdzu	[lu:dzu]
Não tem de quê	Nav par ko	[nav par kɔ]
De nada	Nav par ko	[nav par kɔ]
Desculpa!	Atvaino!	[atvainɔ!]
Desculpe!	Atvainojiet!	[atvainɔjiɛt!]

desculpar (vt)	piedot	[piɛdɔt]
desculpar-se (vr)	atvainoties	[atvainɔtiɛs]
As minhas desculpas	Es atvainojos	[es atvainɔjɔs]
Desculpe!	Piedodiet!	[piɛdɔdiɛt!]
perdoar (vt)	piedot	[piɛdɔt]
Não faz mal	Tas nekas	[tas nɛkas]
por favor	lūdzu	[lu:dzu]
Não se esqueça!	Neaizmirstiet!	[neaizmirstiɛt!]
Certamente! Claro!	Protams!	[prɔtams!]
Claro que não!	Protams, ka nē!	[prɔtams, ka ne:!]
Está bem! De acordo!	Piekrītu!	[piɛkri:tu!]
Basta!	Pietiek!	[piɛtiɛk!]

3. Como se dirigir a alguém

senhor	Kungs	[kuŋgs]
senhora	Kundze	[kundze]
rapariga	Jaunkundze	[jaunkundze]
rapaz	Jaunskungs	[jaunskuŋgs]
menino	puisēns	[puise:ns]
menina	meitene	[mɛitɛne]

4. Números cardinais. Parte 1

zero	nulle	[nulle]
um	viens	[viɛns]
dois	divi	[divi]
três	trīs	[tri:s]
quatro	četri	[tʃetri]
cinco	pieci	[piɛtsi]
seis	seši	[seʃi]
sete	septiņi	[septiɲi]
oito	astoņi	[astɔɲi]
nove	deviņi	[deviɲi]
dez	desmit	[desmit]
onze	vienpadsmit	[viɛnpadsmit]
doze	divpadsmit	[divpadsmit]
treze	trīspadsmit	[tri:spadsmit]
catorze	četrpadsmit	[tʃetrpadsmit]
quinze	piecpadsmit	[piɛtspadsmit]
dezasseis	sešpadsmit	[seʃpadsmit]
dezassete	septiņpadsmit	[septiɲpadsmit]
dezoito	astoņpadsmit	[astɔɲpadsmit]
dezanove	deviņpadsmit	[deviɲpadsmit]
vinte	divdesmit	[divdesmit]
vinte e um	divdesmit viens	[divdesmit viɛns]
vinte e dois	divdesmit divi	[divdesmit divi]

vinte e três	divdesmit trīs	[divdesmit tri:s]
trinta	trīsdesmit	[tri:sdesmit]
trinta e um	trīsdesmit viens	[tri:sdesmit viɛns]
trinta e dois	trīsdesmit divi	[tri:sdesmit divi]
trinta e três	trīsdesmit trīs	[tri:sdesmit tri:s]
quarenta	četrdesmit	[tʃetrdesmit]
quarenta e um	četrdesmit viens	[tʃetrdesmit viɛns]
quarenta e dois	četrdesmit divi	[tʃetrdesmit divi]
quarenta e três	četrdesmit trīs	[tʃetrdesmit tri:s]
cinquenta	piecdesmit	[piɛtsdesmit]
cinquenta e um	piecdesmit viens	[piɛtsdesmit viɛns]
cinquenta e dois	piecdesmit divi	[piɛtsdesmit divi]
cinquenta e três	piecdesmit trīs	[piɛtsdesmit tri:s]
sessenta	sešdesmit	[seʃdesmit]
sessenta e um	sešdesmit viens	[seʃdesmit viɛns]
sessenta e dois	sešdesmit divi	[seʃdesmit divi]
sessenta e três	sešdesmit trīs	[seʃdesmit tri:s]
setenta	septiņdesmit	[septiɲdesmit]
setenta e um	septiņdesmit viens	[septiɲdesmit viɛns]
setenta e dois	septiņdesmit divi	[septiɲdesmit divi]
setenta e três	septiņdesmit trīs	[septiɲdesmit tri:s]
oitenta	astoņdesmit	[astɔɲdesmit]
oitenta e um	astoņdesmit viens	[astɔɲdesmit viɛns]
oitenta e dois	astoņdesmit divi	[astɔɲdesmit divi]
oitenta e três	astoņdesmit trīs	[astɔɲdesmit tri:s]
noventa	deviņdesmit	[deviɲdesmit]
noventa e um	deviņdesmit viens	[deviɲdesmit viɛns]
noventa e dois	deviņdesmit divi	[deviɲdesmit divi]
noventa e três	deviņdesmit trīs	[deviɲdesmit tri:s]

5. Números cardinais. Parte 2

cem	simts	[simts]
duzentos	divsimt	[divsimt]
trezentos	trīssimt	[tri:simt]
quatrocentos	četrsimt	[tʃetrsimt]
quinhentos	piecsimt	[piɛtsimt]
seiscentos	sešsimt	[seʃsimt]
setecentos	septiņsimt	[septiɲsimt]
oitocentos	astoņsimt	[astɔɲsimt]
novecentos	deviņsimt	[deviɲsimt]
mil	tūkstotis	[tu:kstɔtis]
dois mil	divi tūkstoši	[divi tu:kstɔʃi]
De quem são ...?	trīs tūkstoši	[tri:s tu:kstɔʃi]
dez mil	desmit tūkstoši	[desmit tu:kstɔʃi]
cem mil	simt tūkstoši	[simt tu:kstɔʃi]

um milhão	miljons (v)	[miljɔns]
mil milhões	miljards (v)	[miljards]

6. Números ordinais

primeiro	pirmais	[pirmais]
segundo	otrais	[ɔtrais]
terceiro	trešais	[treʃais]
quarto	ceturtais	[tsɛturtais]
quinto	piektais	[piɛktais]
sexto	sestais	[sestais]
sétimo	septītais	[septi:tais]
oitavo	astotais	[astɔtais]
nono	devītais	[devi:tais]
décimo	desmitais	[desmitais]

7. Números. Frações

fração (f)	daļskaitlis (v)	[daļskaitlis]
um meio	puse	[puse]
um terço	viena trešdaļa	[viɛna treʃdaļa]
um quarto	viena ceturtdaļa	[viɛna tsɛturtdaļa]
um oitavo	viena astotā	[viɛna astɔta:]
um décimo	viena desmitā	[viɛna desmita:]
dois terços	divas trešdaļas	[divas treʃdaļas]
três quartos	trīs ceturtdaļas	[tri:s tsɛturtdaļas]

8. Números. Operações básicas

subtração (f)	atņemšana (s)	[atɲemʃana]
subtrair (vi, vt)	atņemt	[atɲemt]
divisão (f)	dalīšana (s)	[dali:ʃana]
dividir (vt)	dalīt	[dali:t]
adição (f)	saskaitīšana (s)	[saskaiti:ʃana]
somar (vt)	saskaitīt	[saskaiti:t]
adicionar (vt)	pieskaitīt	[piɛskaiti:t]
multiplicação (f)	reizināšana (s)	[rɛizina:ʃana]
multiplicar (vt)	reizināt	[rɛizina:t]

9. Números. Diversos

algarismo, dígito (m)	cipars (v)	[tsipars]
número (m)	skaitlis (v)	[skaitlis]
numeral (m)	numerālis (v)	[numɛra:lis]
menos (m)	mīnuss (v)	[mi:nus]

mais (m)	pluss (v)	[plus]
fórmula (f)	formula (s)	[fɔrmula]
cálculo (m)	aprēķināšana (s)	[aprɛːtʲinaːʃana]
contar (vt)	skaitīt	[skaitiːt]
calcular (vt)	sarēķināt	[sarɛːtʲinaːt]
comparar (vt)	salīdzināt	[saliːdzinaːt]
Quanto?	Cik?	[tsik?]
Quantos? -as?	Cik daudz?	[tsik daudz?]
soma (f)	summa (s)	[summa]
resultado (m)	rezultāts (v)	[rɛzultaːts]
resto (m)	atlikums (v)	[atlikums]
alguns, algumas ...	daži	[daʒi]
um pouco de ...	maz ...	[maz ...]
poucos, -as (~ pessoas)	daži	[daʒi]
um pouco (~ de vinho)	mazliet	[mazliet]
resto (m)	pārējais	[paːrɛːjais]
um e meio	pusotra	[pusɔtra]
dúzia (f)	ducis (v)	[dutsis]
ao meio	uz pusēm	[uz puseːm]
em partes iguais	vienlīdzīgi	[viɛnliːdziːgi]
metade (f)	puse (s)	[puse]
vez (f)	reize (s)	[rɛize]

10. Os verbos mais importantes. Parte 1

abrir (vt)	atvērt	[atveːrt]
acabar, terminar (vt)	beigt	[bɛigt]
aconselhar (vt)	dot padomu	[dɔt padɔmu]
adivinhar (vt)	uzminēt	[uzmineːt]
advertir (vt)	brīdināt	[briːdinaːt]
ajudar (vt)	palīdzēt	[paliːdzeːt]
almoçar (vi)	pusdienot	[pusdiɛnɔt]
alugar (~ um apartamento)	īrēt	[iːreːt]
amar (vt)	mīlēt	[miːleːt]
ameaçar (vt)	draudēt	[draudeːt]
anotar (escrever)	pierakstīt	[piɛrakstiːt]
apanhar (vt)	ķert	[tʲert]
apressar-se (vr)	steigties	[stɛigtiɛs]
arrepender-se (vr)	nožēlot	[nɔʒeːlɔt]
assinar (vt)	parakstīt	[parakstiːt]
atirar, disparar (vi)	šaut	[ʃaut]
brincar (vi)	jokot	[jɔkɔt]
brincar, jogar (crianças)	spēlēt	[spɛːleːt]
buscar (vt)	meklēt ...	[mekleːt ...]
caçar (vi)	medīt	[mediːt]
cair (vi)	krist	[krist]

cavar (vt)	rakt	[rakt]
cessar (vt)	pārtraukt	[pa:rtraukt]
chamar (~ por socorro)	saukt	[saukt]
chegar (vi)	atbraukt	[atbraukt]
chorar (vi)	raudāt	[rauda:t]
começar (vt)	sākt	[sa:kt]
comparar (vt)	salīdzināt	[sali:dzina:t]
compreender (vt)	saprast	[saprast]
concordar (vi)	piekrist	[piɛkrist]
confiar (vt)	uzticēt	[uztitse:t]
confundir (equivocar-se)	sajaukt	[sajaukt]
conhecer (vt)	pazīt	[pazi:t]
contar (fazer contas)	sarēķināt	[sare:tʲina:t]
contar com (esperar)	paļauties uz ...	[paʎauties uz ...]
continuar (vt)	turpināt	[turpina:t]
controlar (vt)	kontrolēt	[kɔntrɔle:t]
convidar (vt)	ielūgt	[iɛlu:gt]
correr (vi)	skriet	[skriɛt]
criar (vt)	izveidot	[izvɛidɔt]
custar (vt)	maksāt	[maksa:t]

11. Os verbos mais importantes. Parte 2

dar (vt)	dot	[dɔt]
dar uma dica	dot mājienu	[dɔt ma:jiɛnu]
decorar (enfeitar)	izrotāt	[izrɔta:t]
defender (vt)	aizstāvēt	[aizsta:ve:t]
deixar cair (vt)	nomest	[nɔmest]
descer (para baixo)	nokāpt	[nɔka:pt]
desculpar (vt)	piedot	[piɛdɔt]
desculpar-se (vr)	atvainoties	[atvainɔtiɛs]
dirigir (~ uma empresa)	vadīt	[vadi:t]
discutir (notícias, etc.)	apspriest	[apspriɛst]
dizer (vt)	teikt	[tɛikt]
duvidar (vt)	šaubīties	[ʃaubi:tiɛs]
encontrar (achar)	atrast	[atrast]
enganar (vt)	krāpt	[kra:pt]
entrar (na sala, etc.)	ieiet	[iɛiɛt]
enviar (uma carta)	sūtīt	[su:ti:t]
errar (equivocar-se)	kļūdīties	[klʲu:di:tiɛs]
escolher (vt)	izvēlēties	[izvɛ:le:tiɛs]
esconder (vt)	slēpt	[sle:pt]
escrever (vt)	rakstīt	[raksti:t]
esperar (o autocarro, etc.)	gaidīt	[gaidi:t]
esperar (ter esperança)	cerēt	[tsɛre:t]
esquecer (vt)	aizmirst	[aizmirst]
estudar (vt)	pētīt	[pe:ti:t]
exigir (vt)	prasīt	[prasi:t]

existir (vi)	eksistēt	[eksiste:t]
falar (vi)	paskaidrot	[paskaidrɔt]
explicar (vt)	runāt	[runa:t]
faltar (clases, etc.)	kavēt	[kave:t]
fazer (vt)	darīt	[dari:t]
ficar em silêncio	klusēt	[kluse:t]
gabar-se, jactar-se (vr)	lielīties	[liɛli:tiɛs]

gostar (apreciar)	patikt	[patikt]
gritar (vi)	kliegt	[kliɛgt]
guardar (cartas, etc.)	uzglabāt	[uzglaba:t]
informar (vt)	informēt	[infɔrme:t]
insistir (vi)	uzstāt	[uzsta:t]

insultar (vt)	aizvainot	[aizvainɔt]
interessar-se (vr)	interesēties	[intɛrɛse:tiɛs]
ir (a pé)	iet	[iɛt]
ir nadar	peldēties	[pelde:tiɛs]
jantar (vi)	vakariņot	[vakariɲɔt]

12. Os verbos mais importantes. Parte 3

ler (vt)	lasīt	[lasi:t]
libertar (cidade, etc.)	atbrīvot	[atbri:vɔt]
matar (vt)	nogalināt	[nɔgalina:t]
mencionar (vt)	pieminēt	[piɛmine:t]
mostrar (vt)	parādīt	[para:di:t]

mudar (modificar)	mainīt	[maini:t]
nadar (vi)	peldēt	[pelde:t]
negar-se a ...	atteikties	[attɛikti:ɛs]
objetar (vt)	iebilst	[iɛbilst]

ordenar (mil.)	pavēlēt	[pavɛ:le:t]
ouvir (vt)	dzirdēt	[dzirde:t]
pagar (vt)	maksāt	[maksa:t]
parar (vi)	apstāties	[apsta:tiɛs]

participar (vi)	piedalīties	[piɛdali:tiɛs]
pedir (comida)	pasūtīt	[pasu:ti:t]
pedir (um favor, etc.)	lūgt	[lu:gt]
pegar (tomar)	ņemt	[ɲemt]
pensar (vt)	domāt	[dɔma:t]

perceber (ver)	pamanīt	[pamani:t]
perdoar (vt)	piedot	[piɛdɔt]
perguntar (vt)	jautāt	[jauta:t]
permitir (vt)	atļaut	[atlʲaut]
pertencer a ...	piederēt	[piɛdɛre:t]

planear (vt)	plānot	[pla:nɔt]
poder (vi)	spēt	[spe:t]
possuir (vt)	pārvaldīt	[pa:rvaldi:t]
preferir (vt)	dot priekšroku	[dɔt priɛkʃrɔku]

preparar (vt)	gatavot	[gatavɔt]
prever (vt)	paredzēt	[paredze:t]
prometer (vt)	solīt	[sɔli:t]
pronunciar (vt)	izrunāt	[izruna:t]
propor (vt)	piedāvāt	[piɛda:va:t]
punir (castigar)	sodīt	[sɔdi:t]

13. Os verbos mais importantes. Parte 4

quebrar (vt)	lauzt	[lauzt]
queixar-se (vr)	sūdzēties	[su:dze:tiɛs]
querer (desejar)	gribēt	[gribe:t]
recomendar (vt)	ieteikt	[iɛtɛikt]
repetir (dizer outra vez)	atkārtot	[atka:rtɔt]
repreender (vt)	lamāt	[lama:t]
reservar (~ um quarto)	rezervēt	[rɛzerve:t]
responder (vt)	atbildēt	[atbilde:t]
rezar, orar (vi)	lūgties	[lu:gtiɛs]
rir (vi)	smieties	[smiɛtiɛs]
roubar (vt)	zagt	[zagt]
saber (vt)	zināt	[zina:t]
sair (~ de casa)	iziet	[iziɛt]
salvar (vt)	glābt	[gla:bt]
seguir ...	sekot ...	[sekɔt ...]
sentar-se (vr)	sēsties	[se:stiɛs]
ser necessário	būt vajadzīgam	[bu:t vajadzi:gam]
ser, estar	būt	[bu:t]
significar (vt)	nozīmēt	[nɔzi:me:t]
sorrir (vi)	smaidīt	[smaidi:t]
subestimar (vt)	par zemu vērtēt	[par zɛmu ve:rte:t]
surpreender-se (vr)	brīnīties	[bri:ni:tiɛs]
tentar (vt)	mēģināt	[me:dʲina:t]
ter (vt)	būt	[bu:t]
ter fome	gribēt ēst	[gribe:t e:st]
ter medo	baidīties	[baidi:tiɛs]
ter sede	gribēt dzert	[gribe:t dzert]
tocar (com as mãos)	pieskarties	[piɛskartiɛs]
tomar o pequeno-almoço	brokastot	[brɔkastɔt]
trabalhar (vi)	strādāt	[stra:da:t]
traduzir (vt)	tulkot	[tulkɔt]
unir (vt)	apvienot	[apviɛnɔt]
vender (vt)	pārdot	[pa:rdɔt]
ver (vt)	redzēt	[redze:t]
virar (ex. ~ à direita)	pagriezties	[pagriɛztiɛs]
voar (vi)	lidot	[lidɔt]

14. Cores

cor (f)	krāsa (s)	[kra:sa]
matiz (m)	nokrāsa (s)	[nɔkra:sa]
tom (m)	tonis (v)	[tɔnis]
arco-íris (m)	varavīksne (s)	[varavi:ksne]
branco	balts	[balts]
preto	melns	[melns]
cinzento	pelēks	[pɛle:ks]
verde	zaļš	[zalʲʃ]
amarelo	dzeltens	[dzeltens]
vermelho	sarkans	[sarkans]
azul	zils	[zils]
azul claro	gaiši zils	[gaiʃi zils]
rosa	rozā	[rɔza:]
laranja	oranžs	[ɔranʒs]
violeta	violets	[viɔlets]
castanho	brūns	[bru:ns]
dourado	zelta	[zelta]
prateado	sudrabains	[sudrabains]
bege	bēšs	[be:ʃs]
creme	krēmkrāsas	[kre:mkra:sas]
turquesa	zilganzaļš	[zilganzalʲʃ]
vermelho cereja	ķiršu brīns	[tʲirʃu bri:ns]
lilás	lillā	[lilla:]
carmesim	aveŋkrāsas	[aveŋkra:sas]
claro	gaišs	[gaiʃs]
escuro	tumšs	[tumʃs]
vivo	spilgts	[spilgts]
de cor	krāsains	[kra:sains]
a cores	krāsains	[kra:sains]
preto e branco	melnbalts	[melnbalts]
unicolor	vienkrāsains	[viɛnkra:sains]
multicor	daudzkrāsains	[daudzkra:sains]

15. Questões

Quem?	Kas?	[kas?]
Que?	Kas?	[kas?]
Onde?	Kur?	[kur?]
Para onde?	Uz kurieni?	[uz kuriɛni?]
De onde?	No kurienes?	[nɔ kuriɛnes?]
Quando?	Kad?	[kad?]
Para quê?	Kādēļ?	[ka:de:lʲ?]
Porquê?	Kāpēc?	[ka:pe:ts?]
Para quê?	Kam?	[kam?]

Como?	Kā?	[ka:?]
Qual?	Kāds?	[ka:ds?]
Qual? (entre dois ou mais)	Kurš?	[kurʃ?]

A quem?	Kam?	[kam?]
Sobre quem?	Par kuru?	[par kuru?]
Do quê?	Par ko?	[par kɔ?]
Com quem?	Ar ko?	[ar kɔ?]

Quantos? -as?	Cik daudz?	[tsik daudz?]
Quanto?	Cik?	[tsik?]
De quem?	Kura? Kuras? Kuru?	[kura?], [kuras?], [kuru?]

16. Preposições

com (prep.)	ar	[ar]
sem (prep.)	bez	[bez]
a, para (exprime lugar)	uz	[uz]
sobre (ex. falar ~)	par	[par]
antes de ...	pirms	[pirms]
diante de ...	priekšā	[priɛkʃa:]

sob (debaixo de)	zem	[zem]
sobre (em cima de)	virs	[virs]
sobre (~ a mesa)	uz	[uz]
de (vir ~ Lisboa)	no	[nɔ]
de (feito ~ pedra)	no	[nɔ]

| dentro de (~ dez minutos) | pēc | [pe:ts] |
| por cima de ... | caur | [tsaur] |

17. Palavras funcionais. Advérbios. Parte 1

Onde?	Kur?	[kur?]
aqui	šeit	[ʃɛit]
lá, ali	tur	[tur]

| em algum lugar | kaut kur | [kaut kur] |
| em lugar nenhum | nekur | [nɛkur] |

| ao pé de ... | pie ... | [piɛ ...] |
| ao pé da janela | pie loga | [piɛ lɔga] |

Para onde?	Uz kurieni?	[uz kuriɛni?]
para cá	šurp	[ʃurp]
para lá	turp	[turp]
daqui	no šejienes	[nɔ ʃejiɛnes]
de lá, dali	no turienes	[nɔ turiɛnes]

perto	tuvu	[tuvu]
longe	tālu	[ta:lu]
perto de ...	pie	[piɛ]

ao lado de	blakus	[blakus]
perto, não fica longe	netālu	[nɛtaːlu]
esquerdo	kreisais	[krɛisais]
à esquerda	pa kreisi	[pa krɛisi]
para esquerda	pa kreisi	[pa krɛisi]
direito	labais	[labais]
à direita	pa labi	[pa labi]
para direita	pa labi	[pa labi]
à frente	priekšā	[priɛkʃaː]
da frente	priekšējs	[priɛkʃeːjs]
em frente (para a frente)	uz priekšu	[uz priɛkʃu]
atrás de ...	mugurpusē	[mugurpuseː]
por detrás (vir ~)	no mugurpuses	[nɔ mugurpuses]
para trás	atpakaļ	[atpakalʲ]
meio (m), metade (f)	vidus (v)	[vidus]
no meio	vidū	[viduː]
de lado	sānis	[saːnis]
em todo lugar	visur	[visur]
ao redor (olhar ~)	apkārt	[apkaːrt]
de dentro	no iekšpuses	[nɔ iɛkʃpuses]
para algum lugar	kaut kur	[kaut kur]
diretamente	taisni	[taisni]
de volta	atpakaļ	[atpakalʲ]
de algum lugar	no kaut kurienes	[nɔ kaut kuriɛnes]
de um lugar	nez no kurienes	[nez nɔ kuriɛnes]
em primeiro lugar	pirmkārt	[pirmkaːrt]
em segundo lugar	otrkārt	[ɔtrkaːrt]
em terceiro lugar	treškārt	[treʃkaːrt]
de repente	pēkšņi	[peːkʃɲi]
no início	sākumā	[saːkumaː]
pela primeira vez	pirmo reizi	[pirmɔ rɛizi]
muito antes de ...	ilgu laiku pirms ...	[ilgu laiku pirms ...]
de novo, novamente	no jauna	[nɔ jauna]
para sempre	uz visiem laikiem	[uz visiɛm laikiɛm]
nunca	nekad	[nɛkad]
de novo	atkal	[atkal]
agora	tagad	[tagad]
frequentemente	bieži	[biɛʒi]
então	tad	[tad]
urgentemente	steidzami	[stɛidzami]
usualmente	parasti	[parasti]
a propósito, ...	starp citu ...	[starp tsitu ...]
é possível	iespējams	[iɛspeːjams]
provavelmente	ticams	[titsams]

22

talvez	varbūt	[varbu:t]
além disso, ...	turklāt, ...	[turkla:t, ...]
por isso ...	tādēļ ...	[ta:de:lʲ ...]
apesar de ...	neskatoties uz ...	[neskatɔties uz ...]
graças a ...	pateicoties ...	[patɛitsɔties ...]
que (pron.)	kas	[kas]
que (conj.)	kas	[kas]
algo	kaut kas	[kaut kas]
alguma coisa	kaut kas	[kaut kas]
nada	nekas	[nɛkas]
quem	kas	[kas]
alguém (~ teve uma ideia ...)	kāds	[ka:ds]
alguém	kāds	[ka:ds]
ninguém	neviens	[neviɛns]
para lugar nenhum	nekur	[nɛkur]
de ninguém	neviena	[neviɛna]
de alguém	kāda	[ka:da]
tão	tā	[ta:]
também (gostaria ~ de ...)	tāpat	[ta:pat]
também (~ eu)	arī	[ari:]

18. Palavras funcionais. Advérbios. Parte 2

Porquê?	Kāpēc?	[ka:pe:ts?]
por alguma razão	nez kāpēc	[nez ka:pe:ts]
porque ...	tāpēc ka ...	[ta:pe:ts ka ...]
por qualquer razão	nez kādēļ	[nez ka:de:lʲ]
e (tu ~ eu)	un	[un]
ou (ser ~ não ser)	vai	[vai]
mas (porém)	bet	[bet]
para (~ a minha mãe)	priekš	[priɛkʃ]
demasiado, muito	pārāk	[pa:ra:k]
só, somente	tikai	[tikai]
exatamente	tieši	[tiɛʃi]
cerca de (~ 10 kg)	apmēram	[apmɛ:ram]
aproximadamente	aptuveni	[aptuveni]
aproximado	aptuvens	[aptuvens]
quase	gandrīz	[gandri:z]
resto (m)	pārējais	[pa:re:jais]
o outro (segundo)	cits	[tsits]
outro	cits	[tsits]
cada	katrs	[katrs]
qualquer	jebkurš	[jebkurʃ]
muito	daudz	[daudz]
muitas pessoas	daudzi	[daudzi]
todos	visi	[visi]

em troca de ...	apmaiņā pret ...	[apmaiɲa: pret ...]
em troca	pretī	[preti:]
à mão	ar rokām	[ar rɔka:m]
pouco provável	diez vai	[diɛz vai]
provavelmente	laikam	[laikam]
de propósito	tīšām	[ti:ʃa:m]
por acidente	nejauši	[nejauʃi]
muito	ļoti	[lʲɔti]
por exemplo	piemēram	[piɛmɛ:ram]
entre	starp	[starp]
entre (no meio de)	vidū	[vidu:]
tanto	tik daudz	[tik daudz]
especialmente	īpaši	[i:paʃi]

Conceitos básicos. Parte 2

19. Dias da semana

segunda-feira (f)	pirmdiena (s)	[pirmdiɛna]
terça-feira (f)	otrdiena (s)	[ɔtrdiɛna]
quarta-feira (f)	trešdiena (s)	[treʃdiɛna]
quinta-feira (f)	ceturtdiena (s)	[tsɛturtdiɛna]
sexta-feira (f)	piektdiena (s)	[piɛktdiɛna]
sábado (m)	sestdiena (s)	[sestdiɛna]
domingo (m)	svētdiena (s)	[sve:tdiɛna]
hoje	šodien	[ʃɔdiɛn]
amanhã	rīt	[ri:t]
depois de amanhã	parīt	[pari:t]
ontem	vakar	[vakar]
anteontem	aizvakar	[aizvakar]
dia (m)	diena (s)	[diɛna]
dia (m) de trabalho	darba diena (s)	[darba diɛna]
feriado (m)	svētku diena (s)	[sve:tku diɛna]
dia (m) de folga	brīvdiena (s)	[bri:vdiɛna]
fim (m) de semana	brīvdienas (s dsk)	[bri:vdiɛnas]
o dia todo	visa diena	[visa diɛna]
no dia seguinte	nākamajā dienā	[na:kamaja: diɛna:]
há dois dias	pirms divām dienām	[pirms diva:m diɛna:m]
na véspera	dienu iepriekš	[diɛnu iɛpriekʃ]
diário	ikdienas	[igdiɛnas]
todos os dias	katru dienu	[katru diɛnu]
semana (f)	nedēļa (s)	[nɛdɛ:lʲa]
na semana passada	pagājušajā nedēļā	[paga:juʃaja: nɛdɛ:lʲa:]
na próxima semana	nākamajā nedēļā	[na:kamaja: nɛdɛ:lʲa:]
semanal	iknedēļas	[iknɛdɛ:lʲas]
cada semana	katru nedēļu	[katru nɛdɛ:lʲu]
duas vezes por semana	divas reizes nedēļā	[divas rɛizes nɛdɛ:lʲa:]
cada terça-feira	katru otrdienu	[katru ɔtrdiɛnu]

20. Horas. Dia e noite

manhã (f)	rīts (v)	[ri:ts]
de manhã	no rīta	[nɔ ri:ta]
meio-dia (m)	pusdiena (s)	[pusdiɛna]
à tarde	pēcpusdienā	[pe:tspusdiɛna:]
noite (f)	vakars (v)	[vakars]
à noite (noitinha)	vakarā	[vakara:]

noite (f)	nakts (s)	[nakts]
à noite	naktī	[nakti:]
meia-noite (f)	pusnakts (s)	[pusnakts]
segundo (m)	sekunde (s)	[sɛkunde]
minuto (m)	minūte (s)	[minu:te]
hora (f)	stunda (s)	[stunda]
meia hora (f)	pusstunda	[pustunda]
quarto (m) de hora	stundas ceturksnis (v)	[stundas tsɛturksnis]
quinze minutos	piecpadsmit minūtes	[piɛtspadsmit minu:tes]
vinte e quatro horas	diennakts (s)	[diɛnnakts]
nascer (m) do sol	saullēkts (v)	[saulle:kts]
amanhecer (m)	rītausma (s)	[ri:tausma]
madrugada (f)	agrs rīts (v)	[agrs ri:ts]
pôr do sol (m)	saulriets (v)	[saulriɛts]
de madrugada	agri no rīta	[agri nɔ ri:ta]
hoje de manhã	šorīt	[ʃori:t]
amanhã de manhã	rīt no rīta	[ri:t nɔ ri:ta]
hoje à tarde	šodien	[ʃodiɛn]
à tarde	pēcpusdienā	[pe:tspusdiɛna:]
amanhã à tarde	rīt pēcpusdienā	[ri:t pe:tspusdiɛna:]
hoje à noite	šovakar	[ʃovakar]
amanhã à noite	rītvakar	[ri:tvakar]
às três horas em ponto	tieši trijos	[tiɛʃi trijos]
por volta das quatro	ap četriem	[ap tʃetriɛm]
às doze	ap divpadsmitiem	[ap divpadsmitiɛm]
dentro de vinte minutos	pēc divdesmit minūtēm	[pe:ts divdesmit minu:te:m]
dentro duma hora	pēc stundas	[pe:ts stundas]
a tempo	laikā	[laika:]
menos um quarto	bez ceturkšņa ...	[bez tsɛturkʃɲa ...]
durante uma hora	stundas laikā	[stundas laika:]
a cada quinze minutos	katras piecpadsmit minūtes	[katras piɛtspadsmit minu:tes]
as vinte e quatro horas	caurām dienām	[tsaura:m diɛna:m]

21. Meses. Estações

janeiro (m)	janvāris (v)	[janva:ris]
fevereiro (m)	februāris (v)	[februa:ris]
março (m)	marts (v)	[marts]
abril (m)	aprīlis (v)	[apri:lis]
maio (m)	maijs (v)	[maijs]
junho (m)	jūnijs (v)	[ju:nijs]
julho (m)	jūlijs (v)	[ju:lijs]
agosto (m)	augusts (v)	[augusts]

setembro (m)	septembris (v)	[septembris]
outubro (m)	oktobris (v)	[ɔktɔbris]
novembro (m)	novembris (v)	[novembris]
dezembro (m)	decembris (v)	[detsembris]
primavera (f)	pavasaris (v)	[pavasaris]
na primavera	pavasarī	[pavasari:]
primaveril	pavasara	[pavasara]
verão (m)	vasara (s)	[vasara]
no verão	vasarā	[vasara:]
de verão	vasaras	[vasaras]
outono (m)	rudens (v)	[rudens]
no outono	rudenī	[rudeni:]
outonal	rudens	[rudens]
inverno (m)	ziema (s)	[ziɛma]
no inverno	ziemā	[ziɛma:]
de inverno	ziemas	[ziɛmas]
mês (m)	mēnesis (v)	[mɛ:nesis]
este mês	šomēnes	[ʃɔmɛ:nes]
no próximo mês	nākamajā mēnesī	[na:kamaja: mɛ:nesi:]
no mês passado	pagājušajā mēnesī	[paga:juʃaja: mɛ:nesi:]
há um mês	pirms mēneša	[pirms mɛ:neʃa]
dentro de um mês	pēc mēneša	[pe:ts mɛ:neʃa]
dentro de dois meses	pēc diviem mēnešiem	[pe:ts diviɛm mɛ:neʃiɛm]
todo o mês	visu mēnesi	[visu mɛ:nesi]
um mês inteiro	veselu mēnesi	[vesɛlu mɛ:nesi]
mensal	ikmēneša	[ikmɛ:neʃa]
mensalmente	ik mēnesi	[ik mɛ:nesi]
cada mês	katru mēnesi	[katru mɛ:nesi]
duas vezes por mês	divas reizes mēnesī	[divas rɛizes mɛ:nesi:]
ano (m)	gads (v)	[gads]
este ano	šogad	[ʃɔgad]
no próximo ano	nākamajā gadā	[na:kamaja: gada:]
no ano passado	pagājušajā gadā	[paga:juʃaja: gada:]
há um ano	pirms gada	[pirms gada]
dentro dum ano	pēc gada	[pe:ts gada]
dentro de 2 anos	pēc diviem gadiem	[pe:ts diviɛm gadiɛm]
todo o ano	visu gadu	[visu gadu]
um ano inteiro	veselu gadu	[vesɛlu gadu]
cada ano	katru gadu	[katru gadu]
anual	ikgadējs	[ikgade:js]
anualmente	ik gadu	[ik gadu]
quatro vezes por ano	četras reizes gadā	[tʃetras rɛizes gada:]
data (~ de hoje)	datums (v)	[datums]
data (ex. ~ de nascimento)	datums (v)	[datums]
calendário (m)	kalendārs (v)	[kalenda:rs]

meio ano	pusgads	[pusgads]
seis meses	pusgads (v)	[pusgads]
estação (f)	gadalaiks (v)	[gadalaiks]
século (m)	gadsimts (v)	[gadsimts]

22. Unidades de medida

peso (m)	svars (v)	[svars]
comprimento (m)	garums (v)	[garums]
largura (f)	platums (v)	[platums]
altura (f)	augstums (v)	[augstums]
profundidade (f)	dziļums (v)	[dziļums]
volume (m)	apjoms (v)	[apjɔms]
área (f)	laukums (v)	[laukums]
grama (m)	grams (v)	[grams]
miligrama (m)	miligrams (v)	[miligrams]
quilograma (m)	kilograms (v)	[kilograms]
tonelada (f)	tonna (s)	[tɔnna]
libra (453,6 gramas)	mārciņa (s)	[ma:rtsiɲa]
onça (f)	unce (s)	[untse]
metro (m)	metrs (v)	[metrs]
milímetro (m)	milimetrs (v)	[milimetrs]
centímetro (m)	centimetrs (v)	[tsentimetrs]
quilómetro (m)	kilometrs (v)	[kilɔmetrs]
milha (f)	jūdze (s)	[ju:dze]
polegada (f)	colla (s)	[tsɔlla]
pé (304,74 mm)	pēda (s)	[pɛ:da]
jarda (914,383 mm)	jards (v)	[jards]
metro (m) quadrado	kvadrātmetrs (v)	[kvadra:tmetrs]
hectare (m)	hektārs (v)	[xekta:rs]
litro (m)	litrs (v)	[litrs]
grau (m)	grāds (v)	[gra:ds]
volt (m)	volts (v)	[vɔlts]
ampere (m)	ampērs (v)	[ampɛ:rs]
cavalo-vapor (m)	zirgspēks (v)	[zirgspe:ks]
quantidade (f)	daudzums (v)	[daudzums]
um pouco de ...	nedaudz ...	[nɛdaudz ...]
metade (f)	puse (s)	[puse]
dúzia (f)	ducis (v)	[dutsis]
peça (f)	gabals (v)	[gabals]
dimensão (f)	izmērs (v)	[izmɛ:rs]
escala (f)	mērogs (v)	[me:rɔgs]
mínimo	minimāls	[minima:ls]
menor, mais pequeno	vismazākais	[vismaza:kais]
médio	vidējs	[vide:js]
máximo	maksimāls	[maksima:ls]
maior, mais grande	vislielākais	[vislieɛla:kais]

23. Recipientes

boião (m) de vidro	burka (s)	[burka]
lata (~ de cerveja)	bundža (s)	[bundʒa]
balde (m)	spainis (v)	[spainis]
barril (m)	muca (s)	[mutsa]
bacia (~ de plástico)	bļoda (s)	[blʲɔda]
tanque (m)	tvertne (s)	[tvertne]
cantil (m) de bolso	blašķe (s)	[blaʃtʲe]
bidão (m) de gasolina	kanna (s)	[kanna]
cisterna (f)	cisterna (s)	[tsisterna]
caneca (f)	krūze (s)	[kruːze]
chávena (f)	tase (s)	[tase]
pires (m)	apakštase (s)	[apakʃtase]
copo (m)	glāze (s)	[glaːze]
taça (f) de vinho	pokāls (v)	[pɔkaːls]
panela, caçarola (f)	kastrolis (v)	[kastrɔlis]
garrafa (f)	pudele (s)	[pudɛle]
gargalo (m)	kakliņš (v)	[kakliɲʃ]
jarro, garrafa (f)	karafe (s)	[karafe]
jarro (m) de barro	krūka (s)	[kruːka]
recipiente (m)	trauks (v)	[trauks]
pote (m)	pods (v)	[pɔds]
vaso (m)	vāze (s)	[vaːze]
frasco (~ de perfume)	flakons (v)	[flakɔns]
frasquinho (ex. ~ de iodo)	pudelīte (s)	[pudeliːte]
tubo (~ de pasta dentífrica)	tūbiņa (s)	[tuːbiɲa]
saca (ex. ~ de açúcar)	maiss (v)	[mais]
saco (~ de plástico)	maisiņš (v)	[maisiɲʃ]
maço (m)	paciņa (s)	[patsiɲa]
caixa (~ de sapatos, etc.)	kārba (s)	[kaːrba]
caixa (~ de madeira)	kastīte (s)	[kastiːte]
cesta (f)	grozs (v)	[grɔzs]

O SER HUMANO

O ser humano. O corpo

24. Cabeça

cabeça (f)	galva (s)	[galva]
cara (f)	seja (s)	[seja]
nariz (m)	deguns (v)	[dɛguns]
boca (f)	mute (s)	[mute]
olho (m)	acs (s)	[ats]
olhos (m pl)	acis (s dsk)	[atsis]
pupila (f)	acs zīlīte (s)	[ats ziːliːte]
sobrancelha (f)	uzacs (s)	[uzats]
pestana (f)	skropsta (s)	[skrɔpsta]
pálpebra (f)	plakstiņš (v)	[plakstiɲʃ]
língua (f)	mēle (s)	[mɛːle]
dente (m)	zobs (v)	[zɔbs]
lábios (m pl)	lūpas (s dsk)	[luːpas]
maçãs (f pl) do rosto	vaigu kauli (v dsk)	[vaigu kauli]
gengiva (f)	smaganas (s dsk)	[smaganas]
palato (m)	aukslējas (s dsk)	[auksleːjas]
narinas (f pl)	nāsis (s dsk)	[naːsis]
queixo (m)	zods (v)	[zɔds]
mandíbula (f)	žoklis (v)	[ʒɔklis]
bochecha (f)	vaigs (v)	[vaigs]
testa (f)	piere (s)	[piɛre]
têmpora (f)	deniņi (v dsk)	[deniɲi]
orelha (f)	auss (s)	[aus]
nuca (f)	pakausis (v)	[pakausis]
pescoço (m)	kakls (v)	[kakls]
garganta (f)	rīkle (s)	[riːkle]
cabelos (m pl)	mati (v dsk)	[mati]
penteado (m)	frizūra (s)	[frizuːra]
corte (m) de cabelo	matu griezums (v)	[matu griɛzums]
peruca (f)	parūka (s)	[paruːka]
bigode (m)	ūsas (s dsk)	[uːsas]
barba (f)	bārda (s)	[baːrda]
usar, ter (~ barba, etc.)	ir	[ir]
trança (f)	bize (s)	[bize]
suíças (f pl)	vaigubārda (s)	[vaigubaːrda]
ruivo	ruds	[ruds]
grisalho	sirms	[sirms]

calvo	plikgalvains	[plikgalvains]
calva (f)	plika galva (s)	[plika galva]
rabo-de-cavalo (m)	zirgaste (s)	[zirgaste]
franja (f)	mati uz pieres (v)	[mati uz piɛres]

25. Corpo humano

mão (f)	delna (s)	[delna]
braço (m)	roka (s)	[rɔka]
dedo (m)	pirksts (v)	[pirksts]
dedo (m) do pé	kājas īkšķis (v)	[kaːjas iːkʃtʲis]
polegar (m)	īkšķis (v)	[iːkʃtʲis]
dedo (m) mindinho	mazais pirkstiņš (v)	[mazais pirkstiɲʃ]
unha (f)	nags (v)	[nags]
punho (m)	dūre (s)	[duːre]
palma (f) da mão	plauksta (s)	[plauksta]
pulso (m)	plaukstas locītava (s)	[plaukstas lɔtsiːtava]
antebraço (m)	apakšdelms (v)	[apakʃdelms]
cotovelo (m)	elkonis (v)	[elkɔnis]
ombro (m)	augšdelms (v)	[augʃdelms]
perna (f)	kāja (s)	[kaːja]
pé (m)	pēda (s)	[pɛːda]
joelho (m)	celis (v)	[tselis]
barriga (f) da perna	apakšstilbs (v)	[apakʃstilbs]
anca (f)	gurns (v)	[gurns]
calcanhar (m)	papēdis (v)	[papeːdis]
corpo (m)	ķermenis (v)	[tʲermenis]
barriga (f)	vēders (v)	[vɛːdɛrs]
peito (m)	krūškurvis (v)	[kruːʃkurvis]
seio (m)	krūts (s)	[kruːts]
lado (m)	sāns (v)	[saːns]
costas (f pl)	mugura (s)	[mugura]
região (f) lombar	krusti (v dsk)	[krusti]
cintura (f)	viduklis (v)	[viduklis]
umbigo (m)	naba (s)	[naba]
nádegas (f pl)	gūžas (s dsk)	[guːʒas]
traseiro (m)	dibens (v)	[dibens]
sinal (m)	dzimumzīme (s)	[dzimumziːme]
sinal (m) de nascença	dzimumzīme (s)	[dzimumziːme]
tatuagem (f)	tetovējums (v)	[tetɔveːjums]
cicatriz (f)	rēta (s)	[rɛːta]

Vestuário & Acessórios

26. Roupa exterior. Casacos

roupa (f)	apģērbs (v)	[apdʲeːrbs]
roupa (f) exterior	virsdrēbes (s dsk)	[virsdrɛːbes]
roupa (f) de inverno	ziemas drēbes (s dsk)	[ziɛmas drɛːbes]
sobretudo (m)	mētelis (v)	[mɛːtelis]
casaco (m) de peles	kažoks (v)	[kaʒɔks]
casaco curto (m) de peles	puskažoks (v)	[puskaʒɔks]
casaco (m) acolchoado	dūnu mētelis (v)	[duːnu mɛːtelis]
casaco, blusão (m)	jaka (s)	[jaka]
impermeável (m)	apmetnis (v)	[apmetnis]
impermeável	ūdensnecaurlaidīgs	[uːdensnetsaurlaidiːgs]

27. Vestuário de homem & mulher

camisa (f)	krekls (v)	[krekls]
calças (f pl)	bikses (s dsk)	[bikses]
calças (f pl) de ganga	džinsi (v dsk)	[dʒinsi]
casaco (m) de fato	žakete (s)	[ʒakɛte]
fato (m)	uzvalks (v)	[uzvalks]
vestido (ex. ~ vermelho)	kleita (s)	[klɛita]
saia (f)	svārki (v dsk)	[svaːrki]
blusa (f)	blūze (s)	[bluːze]
casaco (m) de malha	vilnaina jaka (s)	[vilnaina jaka]
casaco, blazer (m)	žakete (s)	[ʒakɛte]
T-shirt, camiseta (f)	sporta krekls (v)	[spɔrta krekls]
calções (Bermudas, etc.)	šorti (v dsk)	[ʃɔrti]
fato (m) de treino	sporta tērps (v)	[spɔrta teːrps]
roupão (m) de banho	halāts (v)	[xalaːts]
pijama (m)	pidžama (s)	[pidʒama]
suéter (m)	svīteris (v)	[sviːteris]
pulôver (m)	pulovers (v)	[pulɔvɛrs]
colete (m)	veste (s)	[veste]
fraque (m)	fraka (s)	[fraka]
smoking (m)	smokings (v)	[smɔkiŋgs]
uniforme (m)	uniforma (s)	[unifɔrma]
roupa (f) de trabalho	darba apģērbs (v)	[darba apdʲeːrbs]
fato-macaco (m)	kombinezons (v)	[kɔmbinezɔns]
bata (~ branca, etc.)	halāts (v)	[xalaːts]

28. Vestuário. Roupa interior

roupa (f) interior	veļa (s)	[vɛlʲa]
cuecas boxer (f pl)	bokseršorti (v dsk)	[bokserʃorti]
cuecas (f pl)	biksītes (s dsk)	[biksi:tes]
camisola (f) interior	apakškrekls (v)	[apakʃkrekls]
peúgas (f pl)	zeķes (s dsk)	[zɛtʲes]

camisa (f) de noite	naktskrekls (v)	[naktskrekls]
sutiã (m)	krūšturis (v)	[kru:ʃturis]
meias longas (f pl)	pusgarās zeķes (s dsk)	[pusgara:s zɛtʲes]
meia-calça (f)	zeķubikses (s dsk)	[zɛtʲubikses]
meias (f pl)	sieviešu zeķes (s dsk)	[siɛviɛʃu zɛtʲes]
fato (m) de banho	peldkostīms (v)	[peldkɔsti:ms]

29. Adereços de cabeça

chapéu (m)	cepure (s)	[tsɛpure]
chapéu (m) de feltro	platmale (s)	[platmale]
boné (m) de beisebol	beisbola cepure (s)	[bɛisbola tsɛpure]
boné (m)	žokejcepure (s)	[ʒɔkejtsɛpure]

boina (f)	berete (s)	[bɛrɛte]
capuz (m)	kapuce (s)	[kaputse]
panamá (m)	panama (s)	[panama]
gorro (m) de malha	adīta cepurīte (s)	[adi:ta tsɛpuri:te]

lenço (m)	lakats (v)	[lakats]
chapéu (m) de mulher	cepurīte (s)	[tsɛpuri:te]

capacete (m) de proteção	ķivere (s)	[tʲivɛre]
bibico (m)	laiviņa (s)	[laiviɲa]
capacete (m)	bruņu cepure (s)	[bruɲu tsɛpure]

chapéu-coco (m)	katliņš (v)	[katliɲʃ]
chapéu (m) alto	cilindrs (v)	[tsilindrs]

30. Calçado

calçado (m)	apavi (v dsk)	[apavi]
botinas (f pl)	puszābaki (v dsk)	[pusza:baki]
sapatos (de salto alto, etc.)	kurpes (s dsk)	[kurpes]
botas (f pl)	zābaki (v dsk)	[za:baki]
pantufas (f pl)	čības (s dsk)	[tʃi:bas]

ténis (m pl)	sporta kurpes (s dsk)	[sporta kurpes]
sapatilhas (f pl)	kedas (s dsk)	[kɛdas]
sandálias (f pl)	sandales (s dsk)	[sandales]

sapateiro (m)	kurpnieks (v)	[kurpniɛks]
salto (m)	papēdis (v)	[pape:dis]

par (m)	pāris (v)	[pa:ris]
atacador (m)	aukla (s)	[aukla]
apertar os atacadores	saitēt	[saite:t]
calçadeira (f)	kurpju velkamais (v)	[kurpju velkamais]
graxa (f) para calçado	apavu krēms (v)	[apavu kre:ms]

31. Acessórios pessoais

luvas (f pl)	cimdi (v dsk)	[tsimdi]
mitenes (f pl)	dūraiņi (v dsk)	[du:raiɲi]
cachecol (m)	šalle (s)	[ʃalle]

óculos (m pl)	brilles (s dsk)	[brilles]
armação (f) de óculos	ietvars (v)	[iɛtvars]
guarda-chuva (m)	lietussargs (v)	[liɛtusargs]
bengala (f)	spieķis (v)	[spiɛtʲis]
escova (f) para o cabelo	matu suka (s)	[matu suka]
leque (m)	vēdeklis (v)	[vɛ:deklis]

gravata (f)	kaklasaite (s)	[kaklasaite]
gravata-borboleta (f)	tauriņš (v)	[tauriɲʃ]
suspensórios (m pl)	bikšturi (v dsk)	[bikʃturi]
lenço (m)	kabatlakatiņš (v)	[kabatlakatiɲʃ]

pente (m)	ķemme (s)	[tʲemme]
travessão (m)	matu sprādze (s)	[matu spra:dze]
gancho (m) de cabelo	matadata (s)	[matadata]
fivela (f)	sprādze (s)	[spra:dze]

| cinto (m) | josta (s) | [jɔsta] |
| correia (f) | siksna (s) | [siksna] |

mala (f)	soma (s)	[sɔma]
mala (f) de senhora	somiņa (s)	[sɔmiɲa]
mochila (f)	mugursoma (s)	[mugursɔma]

32. Vestuário. Diversos

moda (f)	mode (s)	[mɔde]
na moda	moderns	[mɔderns]
estilista (m)	modelētājs (v)	[mɔdɛlɛ:ta:js]

colarinho (m), gola (f)	apkakle (s)	[apkakle]
bolso (m)	kabata (s)	[kabata]
de bolso	kabatas	[kabatas]
manga (f)	piedurkne (s)	[piɛdurkne]
alcinha (f)	pakaramais (v)	[pakaramais]
braguilha (f)	bikšu priekša	[bikʃu priɛkʃa]

fecho (m) de correr	rāvējslēdzējs (v)	[ra:ve:jsle:dze:js]
fecho (m), colchete (m)	aizdare (s)	[aizdare]
botão (m)	poga (s)	[pɔga]

casa (f) de botão	pogcaurums (v)	[pɔgtsaurums]
soltar-se (vr)	atrauties	[atrautiɛs]

coser, costurar (vi)	šūt	[ʃu:t]
bordar (vt)	izšūt	[izʃu:t]
bordado (m)	izšūšana (s)	[izʃu:ʃana]
agulha (f)	adata (s)	[adata]
fio (m)	diegs (v)	[diɛgs]
costura (f)	šuve (s)	[ʃuve]

sujar-se (vr)	notraipīties	[nɔtraipi:tiɛs]
mancha (f)	traips (v)	[traips]
engelhar-se (vr)	saburzīties	[saburzi:tiɛs]
rasgar (vt)	saplēst	[saple:st]
traça (f)	kode (s)	[kɔde]

33. Cuidados pessoais. Cosméticos

pasta (f) de dentes	zobu pasta (s)	[zɔbu pasta]
escova (f) de dentes	zobu suka (s)	[zɔbu suka]
escovar os dentes	tīrīt zobus	[ti:ri:t zɔbus]

máquina (f) de barbear	skuveklis (v)	[skuveklis]
creme (m) de barbear	skūšanas krēms (v)	[sku:ʃanas kre:ms]
barbear-se (vr)	skūties	[sku:tiɛs]

sabonete (m)	ziepes (s dsk)	[ziɛpes]
champô (m)	šampūns (v)	[ʃampu:ns]

tesoura (f)	šķēres (s dsk)	[ʃtʲɛ:res]
lima (f) de unhas	nagu vīlīte (s)	[nagu vi:li:te]
corta-unhas (m)	knaiblītes (s dsk)	[knaibli:tes]
pinça (f)	pincete (s)	[pintsɛte]

cosméticos (m pl)	kosmētika (s)	[kɔsme:tika]
máscara (f) facial	maska (s)	[maska]
manicura (f)	manikīrs (v)	[maniki:rs]
fazer a manicura	taisīt manikīru	[taisi:t maniki:ru]
pedicure (f)	pedikīrs (v)	[pediki:rs]

mala (f) de maquilhagem	kosmētikas somiņa (s)	[kɔsme:tikas sɔmiɲa]
pó (m)	pūderis (v)	[pu:deris]
caixa (f) de pó	pūdernīca (s)	[pu:derni:tsa]
blush (m)	vaigu sārtums (v)	[vaigu sa:rtums]

perfume (m)	smaržas (s dsk)	[smarʒas]
água (f) de toilette	tualetes ūdens (v)	[tualɛtes u:dens]
loção (f)	losjons (v)	[lɔsjɔns]
água-de-colónia (f)	odekolons (v)	[ɔdekɔlɔns]

sombra (f) de olhos	acu ēnas (s dsk)	[atsu ɛ:nas]
lápis (m) delineador	acu zīmulis (v)	[atsu zi:mulis]
máscara (f), rímel (m)	skropstu tuša (s)	[skrɔpstu tuʃa]
batom (m)	lūpu krāsa (s)	[lu:pu kra:sa]

verniz (m) de unhas	nagu laka (s)	[nagu laka]
laca (f) para cabelos	matu laka (s)	[matu laka]
desodorizante (m)	dezodorants (v)	[dezɔdɔrants]

creme (m)	krēms (v)	[kre:ms]
creme (m) de rosto	sejas krēms (v)	[sejas kre:ms]
creme (m) de mãos	rokas krēms (v)	[rɔkas kre:ms]
creme (m) antirrugas	pretgrumbu krēms (v)	[pretgrumbu kre:ms]
creme (m) de dia	dienas krēms (v)	[diɛnas kre:ms]
creme (m) de noite	nakts krēms (v)	[nakts kre:ms]
de dia	dienas	[diɛnas]
da noite	nakts	[nakts]

tampão (m)	tampons (v)	[tampɔns]
papel (m) higiénico	tualetes papīrs (v)	[tualɛtes papi:rs]
secador (m) elétrico	fēns (v)	[fe:ns]

34. Relógios de pulso. Relógios

relógio (m) de pulso	rokas pulkstenis (v)	[rɔkas pulkstenis]
mostrador (m)	ciparnīca (s)	[tsiparni:tsa]
ponteiro (m)	bultiņa (s)	[bultiɲa]
bracelete (f) em aço	metāla siksniņa (s)	[mɛta:la siksniɲa]
bracelete (f) em couro	siksniņa (s)	[siksniɲa]

pilha (f)	baterija (s)	[baterija]
descarregar-se	izlādēties	[izla:de:tiɛs]
trocar a pilha	nomainīt bateriju	[nɔmaini:t bateriju]
estar adiantado	steigties	[stɛigtiɛs]
estar atrasado	atpalikt	[atpalikt]

relógio (m) de parede	sienas pulkstenis (v)	[siɛnas pulkstenis]
ampulheta (f)	smilšu pulkstenis (v)	[smilʃu pulkstenis]
relógio (m) de sol	saules pulkstenis (v)	[saules pulkstenis]
despertador (m)	modinātājs (v)	[mɔdina:ta:js]
relojoeiro (m)	pulksteņmeistars (v)	[pulkstɛɲmɛistars]
reparar (vt)	remontēt	[remɔnte:t]

Alimentação. Nutrição

35. Comida

carne (f)	gaļa (s)	[gaļˡa]
galinha (f)	vista (s)	[vista]
frango (m)	cālis (v)	[tsa:lis]
pato (m)	pīle (s)	[pi:le]
ganso (m)	zoss (s)	[zɔs]
caça (f)	medījums (v)	[medi:jums]
peru (m)	tītars (v)	[ti:tars]
carne (f) de porco	cūkgaļa (s)	[tsu:kgaļˡa]
carne (f) de vitela	teļa gaļa (s)	[tɛlˡa gaļˡa]
carne (f) de carneiro	jēra gaļa (s)	[je:ra gaļˡa]
carne (f) de vaca	liellopu gaļa (s)	[liɛllɔpu gaļˡa]
carne (f) de coelho	trusis (v)	[trusis]
chouriço, salsichão (m)	desa (s)	[dɛsa]
salsicha (f)	cīsiņš (v)	[tsi:siɲʃ]
bacon (m)	bekons (v)	[bekɔns]
fiambre (f)	šķiņķis (v)	[ʃtʲiɲtʲis]
presunto (m)	šķiņķis (v)	[ʃtʲiɲtʲis]
patê (m)	pastēte (s)	[pastɛ:te]
fígado (m)	aknas (s dsk)	[aknas]
carne (f) moída	malta gaļa (s)	[malta gaļˡa]
língua (f)	mēle (s)	[mɛ:le]
ovo (m)	ola (s)	[ɔla]
ovos (m pl)	olas (s dsk)	[ɔlas]
clara (f) do ovo	baltums (v)	[baltums]
gema (f) do ovo	dzeltenums (v)	[dzeltenums]
peixe (m)	zivs (s)	[zivs]
mariscos (m pl)	jūras produkti (v dsk)	[ju:ras prɔdukti]
crustáceos (m pl)	vēžveidīgie (v dsk)	[ve:ʒvɛidi:giɛ]
caviar (m)	ikri (v dsk)	[ikri]
caranguejo (m)	krabis (v)	[krabis]
camarão (m)	garnele (s)	[garnɛle]
ostra (f)	austere (s)	[austɛre]
lagosta (f)	langusts (v)	[laŋgusts]
polvo (m)	astoņkājis (v)	[astɔɲka:jis]
lula (f)	kalmārs (v)	[kalma:rs]
esturjão (m)	store (s)	[stɔre]
salmão (m)	lasis (v)	[lasis]
halibute (m)	āte (s)	[a:te]
bacalhau (m)	menca (s)	[mentsa]

cavala, sarda (f)	skumbrija (s)	[skumbrija]
atum (m)	tuncis (v)	[tuntsis]
enguia (f)	zutis (v)	[zutis]
truta (f)	forele (s)	[forɛle]
sardinha (f)	sardīne (s)	[sardi:ne]
lúcio (m)	līdaka (s)	[li:daka]
arenque (m)	siļķe (s)	[silʲtʲe]
pão (m)	maize (s)	[maize]
queijo (m)	siers (v)	[siɛrs]
açúcar (m)	cukurs (v)	[tsukurs]
sal (m)	sāls (v)	[sa:ls]
arroz (m)	rīsi (v dsk)	[ri:si]
massas (f pl)	makaroni (v dsk)	[makarɔni]
talharim (m)	nūdeles (s dsk)	[nu:dɛles]
manteiga (f)	sviests (v)	[sviɛsts]
óleo (m) vegetal	augu eļļa (s)	[augu ellʲa]
óleo (m) de girassol	saulespuķu eļļa (s)	[saulesputʲu ellʲa]
margarina (f)	margarīns (v)	[margari:ns]
azeitonas (f pl)	olīvas (s dsk)	[ɔli:vas]
azeite (m)	olīveļļa (s)	[ɔli:vellʲa]
leite (m)	piens (v)	[piɛns]
leite (m) condensado	kondensētais piens (v)	[kɔndensɛ:tais piɛns]
iogurte (m)	jogurts (v)	[jɔgurts]
nata (f) azeda	krējums (v)	[kre:jums]
nata (f) do leite	salds krējums (v)	[salds kre:jums]
maionese (f)	majonēze (s)	[majɔnɛ:ze]
creme (m)	krēms (v)	[kre:ms]
grãos (m pl) de cereais	putraimi (v dsk)	[putraimi]
farinha (f)	milti (v dsk)	[milti]
enlatados (m pl)	konservi (v dsk)	[kɔnservi]
flocos (m pl) de milho	kukurūzas pārslas (s dsk)	[kukuru:zas pa:rslas]
mel (m)	medus (v)	[mɛdus]
doce (m)	džems, ievārījums (v)	[dʒems], [iɛva:ri:jums]
pastilha (f) elástica	košļājamā gumija (s)	[kɔʃlʲa:jama: gumija]

36. Bebidas

água (f)	ūdens (v)	[u:dens]
água (f) potável	dzeramais ūdens (v)	[dzɛramais u:dens]
água (f) mineral	minerālūdens (v)	[minɛra:lu:dens]
sem gás	negāzēts	[nɛga:ze:ts]
gaseificada	gāzēts	[ga:ze:ts]
com gás	dzirkstošs	[dzirkstɔʃs]
gelo (m)	ledus (v)	[lɛdus]

com gelo	ar ledu	[ar lɛdu]
sem álcool	bezalkoholisks	[bɛzalkɔxɔlisks]
bebida (f) sem álcool	bezalkoholiskais dzēriens (v)	[bɛzalkɔxɔliskais dze:riɛns]
refresco (m)	atspirdzinošs dzēriens (v)	[atspirdzinɔʃs dze:riɛns]
limonada (f)	limonāde (s)	[limɔna:de]

bebidas (f pl) alcoólicas	alkoholiskie dzērieni (v dsk)	[alkɔxɔliskiɛ dze:riɛni]
vinho (m)	vīns (v)	[vi:ns]
vinho (m) branco	baltvīns (v)	[baltvi:ns]
vinho (m) tinto	sarkanvīns (v)	[sarkanvi:ns]

licor (m)	liķieris (v)	[litʲiɛris]
champanhe (m)	šampanietis (v)	[ʃampaniɛtis]
vermute (m)	vermuts (v)	[vermuts]

uísque (m)	viskijs (v)	[viskijs]
vodka (f)	degvīns (v)	[degvi:ns]
gim (m)	džins (v)	[dʒins]
conhaque (m)	konjaks (v)	[kɔnjaks]
rum (m)	rums (v)	[rums]

café (m)	kafija (s)	[kafija]
café (m) puro	melnā kafija (s)	[melna: kafija]
café (m) com leite	kafija (s) ar pienu	[kafija ar piɛnu]
cappuccino (m)	kapučīno (v)	[kaputʃi:nɔ]
café (m) solúvel	šķīstošā kafija (s)	[ʃtʲi:stɔʃa: kafija]

leite (m)	piens (v)	[piɛns]
coquetel (m)	kokteilis (v)	[kɔktɛilis]
batido (m) de leite	piena kokteilis (v)	[piɛna kɔktɛilis]

sumo (m)	sula (s)	[sula]
sumo (m) de tomate	tomātu sula (s)	[tɔma:tu sula]
sumo (m) de laranja	apelsīnu sula (s)	[apɛlsi:nu sula]
sumo (m) fresco	svaigi spiesta sula (s)	[svaigi spiɛsta sula]

cerveja (f)	alus (v)	[alus]
cerveja (f) clara	gaišais alus (v)	[gaiʃais alus]
cerveja (f) preta	tumšais alus (v)	[tumʃais alus]

chá (m)	tēja (s)	[te:ja]
chá (m) preto	melnā tēja (s)	[melna: te:ja]
chá (m) verde	zaļā tēja (s)	[zalʲa: te:ja]

37. Vegetais

legumes (m pl)	dārzeņi (v dsk)	[da:rzeɲi]
verduras (f pl)	zaļumi (v dsk)	[zalʲumi]

tomate (m)	tomāts (v)	[tɔma:ts]
pepino (m)	gurķis (v)	[gurtʲis]
cenoura (f)	burkāns (v)	[burka:ns]
batata (f)	kartupelis (v)	[kartupelis]

cebola (f)	sīpols (v)	[si:pɔls]
alho (m)	ķiploks (v)	[tʲiplɔks]

couve (f)	kāposti (v dsk)	[ka:pɔsti]
couve-flor (f)	puķkāposti (v dsk)	[putʲka:pɔsti]
couve-de-bruxelas (f)	Briseles kāposti (v dsk)	[brisɛles ka:pɔsti]
brócolos (m pl)	brokolis (v)	[brɔkɔlis]

beterraba (f)	biete (s)	[biɛte]
beringela (f)	baklažāns (v)	[baklaʒa:ns]
curgete (f)	kabacis (v)	[kabatsis]
abóbora (f)	ķirbis (v)	[tʲirbis]
nabo (m)	rācenis (v)	[ra:tsenis]

salsa (f)	pētersīlis (v)	[pɛ:tɛrsi:lis]
funcho, endro (m)	dilles (s dsk)	[dilles]
alface (f)	dārza salāti (v dsk)	[da:rza sala:ti]
aipo (m)	selerija (s)	[sɛlerija]
espargo (m)	sparģelis (v)	[spardʲelis]
espinafre (m)	spināti (v dsk)	[spina:ti]

ervilha (f)	zirnis (v)	[zirnis]
fava (f)	pupas (s dsk)	[pupas]
milho (m)	kukurūza (s)	[kukuru:za]
feijão (m)	pupiņas (s dsk)	[pupiɲas]

pimentão (m)	graudu pipars (v)	[graudu pipars]
rabanete (m)	redīss (v)	[redi:s]
alcachofra (f)	artišoks (v)	[artiʃoks]

38. Frutos. Nozes

fruta (f)	auglis (v)	[auglis]
maçã (f)	ābols (v)	[a:bɔls]
pera (f)	bumbieris (v)	[bumbiɛris]
limão (m)	citrons (v)	[tsitrɔns]
laranja (f)	apelsīns (v)	[apɛlsi:ns]
morango (m)	zemene (s)	[zɛmɛne]

tangerina (f)	mandarīns (v)	[mandari:ns]
ameixa (f)	plūme (s)	[plu:me]
pêssego (m)	persiks (v)	[pɛrsiks]
damasco (m)	aprikoze (s)	[aprikɔze]
framboesa (f)	avene (s)	[avɛne]
ananás (m)	ananāss (v)	[anana:s]

banana (f)	banāns (v)	[bana:ns]
melancia (f)	arbūzs (v)	[arbu:zs]
uva (f)	vīnoga (s)	[vi:nɔga]
ginja (f)	skābais ķirsis (v)	[ska:bais tʲirsis]
cereja (f)	saldais ķirsis (v)	[saldais tʲirsis]
meloa (f)	melone (s)	[melɔne]
toranja (f)	greipfrūts (v)	[grɛipfru:ts]
abacate (m)	avokado (v)	[avɔkadɔ]

papaia (f)	papaija (s)	[papaija]
manga (f)	mango (v)	[maŋgɔ]
romã (f)	granātābols (v)	[grana:ta:bɔls]

groselha (f) vermelha	sarkanā jāņoga (s)	[sarkana: ja:ɲɔga]
groselha (f) preta	upene (s)	[upɛne]
groselha (f) espinhosa	ērkšķoga (s)	[e:rkʃt'ɔga]
mirtilo (m)	mellene (s)	[mellɛne]
amora silvestre (f)	kazene (s)	[kazɛne]

uvas (f pl) passas	rozīne (s)	[rɔzi:ne]
figo (m)	vīģe (s)	[vi:dʲe]
tâmara (f)	datele (s)	[datɛle]

amendoim (m)	zemesrieksts (v)	[zɛmesriɛksts]
amêndoa (f)	mandeles (s dsk)	[mandɛles]
noz (f)	valrieksts (v)	[valriɛksts]
avelã (f)	lazdu rieksts (v)	[lazdu riɛksts]
coco (m)	kokosrieksts (v)	[kɔkɔsriɛksts]
pistáchios (m pl)	pistācijas (s dsk)	[pista:tsijas]

39. Pão. Bolaria

pastelaria (f)	konditorejas izstrādājumi (v dsk)	[kɔnditɔrejas izstra:da:jumi]
pão (m)	maize (s)	[maize]
bolacha (f)	cepumi (v dsk)	[tsɛpumi]

chocolate (m)	šokolāde (s)	[ʃɔkɔla:de]
de chocolate	šokolādes	[ʃɔkɔla:des]
rebuçado (m)	konfekte (s)	[kɔnfekte]
bolo (cupcake, etc.)	kūka (s)	[ku:ka]
bolo (m) de aniversário	torte (s)	[tɔrte]

tarte (~ de maçã)	pīrāgs (v)	[pi:ra:gs]
recheio (m)	pildījums (v)	[pildi:jums]

doce (m)	ievārījums (v)	[iɛva:ri:jums]
geleia (f) de frutas	marmelāde (s)	[marmɛla:de]
waffle (m)	vafeles (s dsk)	[vafɛles]
gelado (m)	saldējums (v)	[salde:jums]
pudim (m)	pudiņš (v)	[pudiɲʃ]

40. Pratos cozinhados

prato (m)	ēdiens (v)	[e:diɛns]
cozinha (~ portuguesa)	virtuve (s)	[virtuve]
receita (f)	recepte (s)	[retsepte]
porção (f)	porcija (s)	[pɔrtsija]

salada (f)	salāti (v dsk)	[sala:ti]
sopa (f)	zupa (s)	[zupa]

caldo (m)	buljons (v)	[buljɔns]
sandes (f)	sviestmaize (s)	[sviɛstmaize]
ovos (m pl) estrelados	ceptas olas (s dsk)	[tseptas ɔlas]

hambúrguer (m)	hamburgers (v)	[xamburgɛrs]
bife (m)	bifšteks (v)	[bifʃteks]

conduto (m)	piedeva (s)	[piɛdɛva]
espaguete (m)	spageti (v dsk)	[spageti]
puré (m) de batata	kartupeļu biezenis (v)	[kartupɛlʲu biɛzenis]
pizza (f)	pica (s)	[pitsa]
papa (f)	biezputra (s)	[biɛzputra]
omelete (f)	omlete (s)	[ɔmlɛte]

cozido em água	vārīts	[va:ri:ts]
fumado	kūpināts	[ku:pina:ts]
frito	cepts	[tsepts]
seco	žāvēts	[ʒa:ve:ts]
congelado	sasaldēts	[sasalde:ts]
em conserva	marinēts	[marine:ts]

doce (açucarado)	salds	[salds]
salgado	sāļš	[sa:lʲʃ]
frio	auksts	[auksts]
quente	karsts	[karsts]
amargo	rūgts	[ru:gts]
gostoso	garšīgs	[garʃi:gs]

cozinhar (em água a ferver)	vārīt	[va:ri:t]
fazer, preparar (vt)	gatavot	[gatavɔt]
fritar (vt)	cept	[tsept]
aquecer (vt)	uzsildīt	[uzsildi:t]

salgar (vt)	piebērt sāli	[piɛbe:rt sa:li]
apimentar (vt)	piparot	[piparɔt]
ralar (vt)	rīvēt	[ri:ve:t]
casca (f)	miza (s)	[miza]
descascar (vt)	mizot	[mizɔt]

41. Especiarias

sal (m)	sāls (v)	[sa:ls]
salgado	sāļš	[sa:lʲʃ]
salgar (vt)	piebērt sāli	[piɛbe:rt sa:li]

pimenta (f) preta	melnie pipari (v dsk)	[melniɛ pipari]
pimenta (f) vermelha	paprika (s)	[paprika]
mostarda (f)	sinepes (s dsk)	[sinɛpes]
raiz-forte (f)	mārrutki (v dsk)	[ma:rrutki]

condimento (m)	piedeva (s)	[piɛdɛva]
especiaria (f)	garšviela (s)	[garʃviɛla]
molho (m)	mērce (s)	[me:rtse]
vinagre (m)	etiķis (v)	[ɛtitʲis]

anis (m)	anīss (v)	[ani:s]
manjericão (m)	baziliks (v)	[baziliks]
cravo (m)	krustnagliņas (s dsk)	[krustnagliņas]
gengibre (m)	ingvers (v)	[iŋgvɛrs]
coentro (m)	koriandrs (v)	[kɔriandrs]
canela (f)	kanēlis (v)	[kane:lis]
sésamo (m)	sezams (v)	[sɛzams]
folhas (f pl) de louro	lauru lapa (s)	[lauru lapa]
páprica (f)	paprika (s)	[paprika]
cominho (m)	ķimenes (s dsk)	[tʲimɛnes]
açafrão (m)	safrāns (v)	[safra:ns]

42. Refeições

comida (f)	ēdiens (v)	[e:diɛns]
comer (vt)	ēst	[ɛ:st]
pequeno-almoço (m)	brokastis (s dsk)	[brɔkastis]
tomar o pequeno-almoço	brokastot	[brɔkastɔt]
almoço (m)	pusdienas (s dsk)	[pusdiɛnas]
almoçar (vi)	pusdienot	[pusdiɛnɔt]
jantar (m)	vakariņas (s dsk)	[vakariņas]
jantar (vi)	vakariņot	[vakariņɔt]
apetite (m)	apetīte (s)	[apeti:te]
Bom apetite!	Labu apetīti!	[labu apeti:ti!]
abrir (~ uma lata, etc.)	atvērt	[atve:rt]
derramar (vt)	izliet	[izliɛt]
derramar-se (vr)	izlieties	[izliɛtiɛs]
ferver (vi)	vārīties	[va:ri:tiɛs]
ferver (vt)	vārīt	[va:ri:t]
fervido	vārīts	[va:ri:ts]
arrefecer (vt)	atdzesēt	[atdzɛse:t]
arrefecer-se (vr)	atdzesēties	[atdzɛse:tiɛs]
sabor, gosto (m)	garša (s)	[garʃa]
gostinho (m)	piegarša (s)	[piɛgarʃa]
fazer dieta	tievēt	[tiɛve:t]
dieta (f)	diēta (s)	[diɛ:ta]
vitamina (f)	vitamīns (v)	[vitami:ns]
caloria (f)	kalorija (s)	[kalɔrija]
vegetariano (m)	veģetārietis (v)	[vɛdʲɛta:riɛtis]
vegetariano	veģetāriešu	[vɛdʲɛta:riɛʃu]
gorduras (f pl)	tauki (v dsk)	[tauki]
proteínas (f pl)	olbaltumvielas (s dsk)	[ɔlbaltumviɛlas]
carboidratos (m pl)	ogļhidrāti (v dsk)	[ɔglʲxidra:ti]
fatia (~ de limão, etc.)	šķēlīte (s)	[ʃtʲe:li:te]
pedaço (~ de bolo)	gabals (v)	[gabals]
migalha (f)	gabaliņš (v)	[gabaliŋʃ]

43. Por a mesa

colher (f)	karote (s)	[karɔte]
faca (f)	nazis (v)	[nazis]
garfo (m)	dakša (s)	[dakʃa]
chávena (f)	tase (s)	[tase]
prato (m)	šķīvis (v)	[ʃtʲiːvis]
pires (m)	apakštase (s)	[apakʃtase]
guardanapo (m)	salvete (s)	[salvɛte]
palito (m)	zobu bakstāmais (v)	[zɔbu bakstaːmais]

44. Restaurante

restaurante (m)	restorāns (v)	[restɔraːns]
café (m)	kafejnīca (s)	[kafejniːtsa]
bar (m), cervejaria (f)	bārs (v)	[baːrs]
salão (m) de chá	tēju nams (v)	[teːju nams]
empregado (m) de mesa	oficiants (v)	[ɔfitsiants]
empregada (f) de mesa	oficiante (s)	[ɔfitsiante]
barman (m)	bārmenis (v)	[baːrmenis]
ementa (f)	ēdienkarte (s)	[eːdiɛnkarte]
lista (f) de vinhos	vīnu karte (s)	[viːnu karte]
reservar uma mesa	rezervēt galdiņu	[rɛzerveːt galdiɲu]
prato (m)	ēdiens (v)	[eːdiɛns]
pedir (vt)	pasūtīt	[pasuːtiːt]
fazer o pedido	pasūtīt	[pasuːtiːt]
aperitivo (m)	aperitīvs (v)	[aperitiːvs]
entrada (f)	uzkožamais (v)	[uzkoʒamais]
sobremesa (f)	deserts (v)	[dɛserts]
conta (f)	rēķins (v)	[reːtʲins]
pagar a conta	samaksāt rēķinu	[samaksaːt reːtʲinu]
dar o troco	iedot atlikumu	[iɛdot atlikumu]
gorjeta (f)	dzeramnauda (s)	[dzɛramnauda]

Família, parentes e amigos

45. Informação pessoal. Formulários

nome (m)	vārds (v)	[va:rds]
apelido (m)	uzvārds (v)	[uzva:rds]
data (f) de nascimento	dzimšanas datums (v)	[dzimʃanas datums]
local (m) de nascimento	dzimšanas vieta (s)	[dzimʃanas viɛta]
nacionalidade (f)	tautība (s)	[tauti:ba]
lugar (m) de residência	dzīves vieta (s)	[dzi:ves viɛta]
país (m)	valsts (s)	[valsts]
profissão (f)	profesija (s)	[prɔfesija]
sexo (m)	dzimums (v)	[dzimums]
estatura (f)	augums (v)	[augums]
peso (m)	svars (v)	[svars]

46. Membros da família. Parentes

mãe (f)	māte (s)	[ma:te]
pai (m)	tēvs (v)	[te:vs]
filho (m)	dēls (v)	[dɛ:ls]
filha (f)	meita (s)	[mɛita]
filha (f) mais nova	jaunākā meita (s)	[jauna:ka: mɛita]
filho (m) mais novo	jaunākais dēls (v)	[jauna:kais dɛ:ls]
filha (f) mais velha	vecākā meita (s)	[vetsa:ka: mɛita]
filho (m) mais velho	vecākais dēls (v)	[vetsa:kais dɛ:ls]
irmão (m)	brālis (v)	[bra:lis]
irmão (m) mais velho	vecākais brālis (v)	[vetsa:kais bra:lis]
irmão (m) mais novo	jaunākais brālis (v)	[jauna:kais bra:lis]
irmã (f)	māsa (s)	[ma:sa]
irmã (f) mais velha	vecākā māsa (s)	[vetsa:ka: ma:sa]
irmã (f) mais nova	jaunākā māsa (s)	[jauna:ka: ma:sa]
primo (m)	brālēns (v)	[bra:le:ns]
prima (f)	māsīca (s)	[ma:si:tsa]
mamã (f)	māmiņa (s)	[ma:miɲa]
papá (m)	tētis (v)	[te:tis]
pais (pl)	vecāki (v dsk)	[vetsa:ki]
criança (f)	bērns (v)	[be:rns]
crianças (f pl)	bērni (v dsk)	[be:rni]
avó (f)	vecmāmiņa (s)	[vetsma:miɲa]
avô (m)	vectēvs (v)	[vetste:vs]
neto (m)	mazdēls (v)	[mazdɛ:ls]

neta (f)	mazmeita (s)	[mazmɛita]
netos (pl)	mazbērni (v dsk)	[mazbe:rni]
tio (m)	onkulis (v)	[ɔnkulis]
tia (f)	tante (s)	[tante]
sobrinho (m)	brāļadēls, māsasdēls (v)	[bra:lʲadɛ:ls], [ma:sasdɛ:ls]
sobrinha (f)	brāļameita, māsasmeita (s)	[bra:lʲamɛita], [ma:sasmɛita]
sogra (f)	sievasmāte, vīramāte (s)	[siɛvasma:te], [vi:rama:te]
sogro (m)	sievastēvs, vīratēvs (v)	[siɛvaste:vs], [vi:rate:vs]
genro (m)	znots (v)	[znɔts]
madrasta (f)	pamāte (s)	[pama:te]
padrasto (m)	patēvs (v)	[pate:vs]
criança (f) de colo	krūts bērns (v)	[kru:ts be:rns]
bebé (m)	zīdainis (v)	[zi:dainis]
menino (m)	mazulis (v)	[mazulis]
mulher (f)	sieva (s)	[siɛva]
marido (v)	vīrs (v)	[vi:rs]
esposo (m)	dzīvesbiedrs (v)	[dzi:vesbiɛdrs]
esposa (f)	dzīvesbiedre (s)	[dzi:vesbiɛdre]
casado	precējies	[pretse:jiɛs]
casada	precējusies	[pretse:jusiɛs]
solteiro	neprecējies	[nepretse:jiɛs]
solteirão (m)	vecpuisis (v)	[vetspuisis]
divorciado	šķīries	[ʃtʲi:riɛs]
viúva (f)	atraitne (s)	[atraitne]
viúvo (m)	atraitnis (v)	[atraitnis]
parente (m)	radinieks (v)	[radiniɛks]
parente (m) próximo	tuvs radinieks (v)	[tuvs radiniɛks]
parente (m) distante	tāls radinieks (v)	[ta:ls radiniɛks]
parentes (m pl)	radi (v dsk)	[radi]
órfão (m)	bārenis (v)	[ba:renis]
órfã (f)	bārene (s)	[ba:rɛne]
tutor (m)	aizbildnis (v)	[aizbildnis]
adotar (um filho)	adoptēt zēnu	[adɔpte:t zɛ:nu]
adotar (uma filha)	adoptēt meiteni	[adɔpte:t mɛiteni]

Medicina

47. Doenças

doença (f)	slimība (s)	[slimi:ba]
estar doente	slimot	[slimɔt]
saúde (f)	veselība (s)	[vɛseli:ba]
nariz (m) a escorrer	iesnas (s dsk)	[iɛsnas]
amigdalite (f)	angīna (s)	[aŋgi:na]
constipação (f)	saaukstēšanās (s)	[saaukste:ʃana:s]
constipar-se (vr)	saaukstēties	[saaukste:tiɛs]
bronquite (f)	bronhīts (v)	[brɔnxi:ts]
pneumonia (f)	plaušu karsonis (v)	[plauʃu karsɔnis]
gripe (f)	gripa (s)	[gripa]
míope	tuvredzīgs	[tuvredzi:gs]
presbita	tālredzīgs	[ta:lredzi:gs]
estrabismo (m)	šķielēšana (s)	[ʃtʲiɛle:ʃana]
estrábico	šķielējošs	[ʃtʲiɛle:jɔʃs]
catarata (f)	katarakta (s)	[katarakta]
glaucoma (m)	glaukoma (s)	[glaukɔma]
AVC (m), apoplexia (f)	insults (v)	[insults]
ataque (m) cardíaco	infarkts (v)	[infarkts]
enfarte (m) do miocárdio	miokarda infarkts (v)	[miɔkarda infarkts]
paralisia (f)	paralīze (s)	[parali:ze]
paralisar (vt)	paralizēt	[paralize:t]
alergia (f)	alerģija (s)	[alerdʲija]
asma (f)	astma (s)	[astma]
diabetes (f)	diabēts (v)	[diabe:ts]
dor (f) de dentes	zobu sāpes (s dsk)	[zɔbu sa:pes]
cárie (f)	kariess (v)	[kariɛs]
diarreia (f)	caureja (s)	[tsaureja]
prisão (f) de ventre	aizcietējums (v)	[aiztsiɛte:jums]
desarranjo (m) intestinal	gremošanas traucējumi (v dsk)	[gremɔʃanas trautse:jumi]
intoxicação (f) alimentar	saindēšanās (s)	[sainde:ʃana:s]
intoxicar-se	saindēties	[sainde:tiɛs]
artrite (f)	artrīts (v)	[artri:ts]
raquitismo (m)	rahīts (v)	[raxi:ts]
reumatismo (m)	reimatisms (v)	[rɛimatisms]
arteriosclerose (f)	ateroskleroze (s)	[aterɔsklerɔze]
gastrite (f)	gastrīts (v)	[gastri:ts]
apendicite (f)	apendicīts (v)	[apenditsi:ts]

colecistite (f)	holecistīts (v)	[xɔletsisti:ts]
úlcera (f)	čūla (s)	[tʃu:la]

sarampo (m)	masalas (s dsk)	[masalas]
rubéola (f)	masaliņas (s dsk)	[masaliņas]
iterícia (f)	dzeltenā kaite (s)	[dzeltɛna: kaite]
hepatite (f)	hepatīts (v)	[xɛpati:ts]

esquizofrenia (f)	šizofrēnija (s)	[ʃizɔfre:nija]
raiva (f)	trakumsērga (s)	[trakumse:rga]
neurose (f)	neiroze (s)	[nɛirɔze]
comoção (f) cerebral	smadzeņu satricinājums (v)	[smadzɛɲu satritsina:jums]

cancro (m)	vēzis (v)	[ve:zis]
esclerose (f)	skleroze (s)	[sklerɔze]
esclerose (f) múltipla	multiplā skleroze (s)	[multipla: sklerɔze]

alcoolismo (m)	alkoholisms (v)	[alkɔxɔlisms]
alcoólico (m)	alkoholiķis (v)	[alkɔxɔlitʲis]
sífilis (f)	sifiliss (v)	[sifiliss]
SIDA (f)	AIDS (v)	[aids]

tumor (m)	audzējs (v)	[audze:js]
maligno	ļaundabīgs	[lʲaundabi:gs]
benigno	labdabīgs	[labdabi:gs]
febre (f)	drudzis (v)	[drudzis]
malária (f)	malārija (s)	[mala:rija]
gangrena (f)	gangrēna (s)	[gaŋgrɛ:na]
enjoo (m)	jūras slimība (s)	[ju:ras slimi:ba]
epilepsia (f)	epilepsija (s)	[epilepsija]

epidemia (f)	epidēmija (s)	[epide:mija]
tifo (m)	tīfs (v)	[ti:fs]
tuberculose (f)	tuberkuloze (s)	[tuberkulɔze]
cólera (f)	holēra (s)	[xɔlɛ:ra]
peste (f)	mēris (v)	[me:ris]

48. Sintomas. Tratamentos. Parte 1

sintoma (m)	simptoms (v)	[simptɔms]
temperatura (f)	temperatūra (s)	[tempɛratu:ra]
febre (f)	augsta temperatūra (s)	[augsta tempɛratu:ra]
pulso (m)	pulss (v)	[puls]

vertigem (f)	galvas reibšana (s)	[galvas rɛibʃana]
quente (testa, etc.)	karsts	[karsts]
calafrio (m)	drebuļi (v dsk)	[drɛbulʲi]
pálido	bāls	[ba:ls]

tosse (f)	klepus (v)	[klɛpus]
tossir (vi)	klepot	[klepɔt]
espirrar (vi)	šķaudīt	[ʃkʲaudi:t]
desmaio (m)	ģībonis (v)	[dʲi:bɔnis]
desmaiar (vi)	paģībt	[padʲi:bt]

nódoa (f) negra	zilums (v)	[zilums]
galo (m)	puns (v)	[puns]
magoar-se (vr)	atsisties	[atsistiɛs]
pisadura (f)	sasitums (v)	[sasitums]
aleijar-se (vr)	sasisties	[sasistiɛs]
coxear (vi)	klibot	[klibɔt]
deslocação (f)	izmežģījums (v)	[izmeʒdʲi:jums]
deslocar (vt)	izmežģīt	[izmeʒdʲi:t]
fratura (f)	lūzums (v)	[lu:zums]
fraturar (vt)	dabūt lūzumu	[dabu:t lu:zumu]
corte (m)	iegriezums (v)	[iɛgriɛzums]
cortar-se (vr)	sagriezties	[sagriɛztiɛs]
hemorragia (f)	asiņošana (s)	[asiɲɔʃana]
queimadura (f)	apdegums (v)	[apdɛgums]
queimar-se (vr)	apdedzināties	[apdedzina:tiɛs]
picar (vt)	sadurt	[sadurt]
picar-se (vr)	sadurties	[sadurtiɛs]
lesionar (vt)	sabojāt	[sabɔja:t]
lesão (m)	traumēšana (s)	[traume:ʃana]
ferida (f), ferimento (m)	ievainojums (v)	[iɛvainɔjums]
trauma (m)	trauma (s)	[trauma]
delirar (vi)	murgot	[murgɔt]
gaguejar (vi)	stostīties	[stɔsti:tiɛs]
insolação (f)	saules dūriens (v)	[saules du:riɛns]

49. Sintomas. Tratamentos. Parte 2

dor (f)	sāpes (s dsk)	[sa:pes]
farpa (no dedo)	skabarga (s)	[skabarga]
suor (m)	sviedri (v dsk)	[sviɛdri]
suar (vi)	svīst	[svi:st]
vómito (m)	vemšana (s)	[vemʃana]
convulsões (f pl)	krampji (v dsk)	[krampji]
grávida	grūta	[gru:ta]
nascer (vi)	piedzimt	[piɛdzimt]
parto (m)	dzemdības (s dsk)	[dzemdi:bas]
dar à luz	dzemdēt	[dzemde:t]
aborto (m)	aborts (v)	[abɔrts]
respiração (f)	elpošana (s)	[elpɔʃana]
inspiração (f)	ieelpa (s)	[iɛelpa]
expiração (f)	izelpa (s)	[izelpa]
expirar (vi)	izelpot	[izelpɔt]
inspirar (vi)	ieelpot	[iɛelpɔt]
inválido (m)	invalīds (v)	[invali:ds]
aleijado (m)	kroplis (v)	[krɔplis]

toxicodependente (m)	narkomāns (v)	[narkɔma:ns]
surdo	kurls	[kurls]
mudo	mēms	[me:ms]
surdo-mudo	kurlmēms	[kurlme:ms]

louco (adj.)	traks	[traks]
louco (m)	trakais (v)	[trakais]
louca (f)	traka (s)	[traka]
ficar louco	zaudēt prātu	[zaude:t pra:tu]

gene (m)	gēns (v)	[ge:ns]
imunidade (f)	imunitāte (s)	[imunita:te]
hereditário	mantojams	[mantɔjams]
congénito	iedzimts	[iɛdzimts]

vírus (m)	vīruss (v)	[vi:rus]
micróbio (m)	mikrobs (v)	[mikrɔbs]
bactéria (f)	baktērija (s)	[bakte:rija]
infeção (f)	infekcija (s)	[infektsija]

50. Sintomas. Tratamentos. Parte 3

hospital (m)	slimnīca (s)	[slimni:tsa]
paciente (m)	pacients (v)	[patsiɛnts]

diagnóstico (m)	diagnoze (s)	[diagnɔze]
cura (f)	ārstēšana (s)	[a:rste:ʃana]
tratamento (m) médico	ārstēšana (s)	[a:rste:ʃana]
curar-se (vr)	ārstēties	[a:rste:tiɛs]
tratar (vt)	ārstēt	[a:rste:t]
cuidar (pessoa)	apkopt	[apkɔpt]
cuidados (m pl)	apkope (s)	[apkɔpe]

operação (f)	operācija (s)	[ɔpɛra:tsija]
enfaixar (vt)	pārsiet	[pa:rsiɛt]
enfaixamento (m)	pārsiešana (s)	[pa:rsiɛʃana]

vacinação (f)	potēšana (s)	[pɔte:ʃana]
vacinar (vt)	potēt	[pɔte:t]
injeção (f)	injekcija (s)	[injektsija]
dar uma injeção	injicēt	[injitse:t]

ataque (~ de asma, etc.)	lēkme (s)	[le:kme]
amputação (f)	amputācija (s)	[amputa:tsija]
amputar (vt)	amputēt	[ampute:t]
coma (f)	koma (s)	[kɔma]
estar em coma	būt komā	[bu:t kɔma:]
reanimação (f)	reanimācija (s)	[reanima:tsija]

recuperar-se (vr)	atveseļoties	[atvɛseḽɔtiɛs]
estado (~ de saúde)	stāvoklis (v)	[sta:vɔklis]
consciência (f)	apziņa (s)	[apziɲa]
memória (f)	atmiņa (s)	[atmiɲa]
tirar (vt)	izraut	[izraut]

chumbo (m), obturação (f)	plomba (s)	[plɔmba]
chumbar, obturar (vt)	plombēt	[plɔmbe:t]
hipnose (f)	hipnoze (s)	[xipnɔze]
hipnotizar (vt)	hipnotizēt	[xipnɔtize:t]

51. Médicos

médico (m)	ārsts (v)	[a:rsts]
enfermeira (f)	medmāsa (s)	[medma:sa]
médico (m) pessoal	personīgais ārsts (v)	[pɛrsɔni:gais a:rsts]
dentista (m)	dentists (v)	[dentists]
oculista (m)	okulists (v)	[ɔkulists]
terapeuta (m)	terapeits (v)	[tɛrapɛits]
cirurgião (m)	ķirurgs (v)	[tʲirurgs]
psiquiatra (m)	psihiatrs (v)	[psixiatrs]
pediatra (m)	pediatrs (v)	[pediatrs]
psicólogo (m)	psihologs (v)	[psixɔlɔgs]
ginecologista (m)	ginekologs (v)	[ginekɔlɔgs]
cardiologista (m)	kardiologs (v)	[kardiɔlɔgs]

52. Medicina. Drogas. Acessórios

medicamento (m)	zāles (s dsk)	[za:les]
remédio (m)	līdzeklis (v)	[li:dzeklis]
receitar (vt)	izrakstīt	[izraksti:t]
receita (f)	recepte (s)	[retsepte]
comprimido (m)	tablete (s)	[tablɛte]
pomada (f)	ziede (s)	[ziɛde]
ampola (f)	ampula (s)	[ampula]
preparado (m)	mikstūra (s)	[mikstu:ra]
xarope (m)	sīrups (v)	[si:rups]
cápsula (f)	zāļu kapsula (s)	[za:lʲu kapsula]
remédio (m) em pó	pulveris (v)	[pulveris]
ligadura (f)	saite (s)	[saite]
algodão (m)	vate (s)	[vate]
iodo (m)	jods (v)	[jɔds]
penso (m) rápido	plāksteris (v)	[pla:ksteris]
conta-gotas (m)	pipete (s)	[pipɛte]
termómetro (m)	termometrs (v)	[termɔmetrs]
seringa (f)	šļirce (s)	[ʃlʲirtse]
cadeira (f) de rodas	ratiņkrēsls (v)	[ratiŋkre:sls]
muletas (f pl)	kruķi (v dsk)	[krutʲi]
analgésico (m)	pretsāpju līdzeklis (v)	[pretsa:pju li:dzeklis]
laxante (m)	caurejas līdzeklis (v)	[tsaurejas li:dzeklis]

álcool (m) etílico | **spirts** (v) | [spirts]
ervas (f pl) medicinais | **zāle** (s) | [za:le]
de ervas (chá ~) | **zāļu** | [za:ļu]

HABITAT HUMANO

Cidade

53. Cidade. Vida na cidade

cidade (f)	pilsēta (s)	[pilsɛ:ta]
capital (f)	galvaspilsēta (s)	[galvaspilsɛ:ta]
aldeia (f)	ciems (v)	[tsiɛms]

mapa (m) da cidade	pilsētas plāns (v)	[pilsɛ:tas pla:ns]
centro (m) da cidade	pilsētas centrs (v)	[pilsɛ:tas tsentrs]
subúrbio (m)	piepilsēta (s)	[piɛpilsɛ:ta]
suburbano	piepilsētas	[piɛpilsɛ:tas]

periferia (f)	nomale (s)	[nɔmale]
arredores (m pl)	apkārtnes (s dsk)	[apka:rtnes]
quarteirão (m)	kvartāls (v)	[kvarta:ls]
quarteirão (m) residencial	dzīvojamais kvartāls (v)	[dzi:vɔjamais kvarta:ls]

tráfego (m)	satiksme (s)	[satiksme]
semáforo (m)	luksofors (v)	[luksɔfɔrs]
transporte (m) público	sabiedriskais transports (v)	[sabiɛdriskais transpɔrts]
cruzamento (m)	krustojums (v)	[krustɔjums]

passadeira (f)	gājēju pāreja (s)	[ga:je:ju pa:reja]
passagem (f) subterrânea	pazemes pāreja (s)	[pazɛmes pa:reja]
cruzar, atravessar (vt)	pāriet	[pa:riɛt]
peão (m)	kājāmgājējs (v)	[ka:ja:mga:je:js]
passeio (m)	trotuārs (v)	[trɔtua:rs]

ponte (f)	tilts (v)	[tilts]
margem (f) do rio	krastmala (s)	[krastmala]
fonte (f)	strūklaka (s)	[stru:klaka]

alameda (f)	gatve (s)	[gatve]
parque (m)	parks (v)	[parks]
bulevar (m)	bulvāris (v)	[bulva:ris]
praça (f)	laukums (v)	[laukums]
avenida (f)	prospekts (v)	[prɔspekts]
rua (f)	iela (s)	[iɛla]
travessa (f)	šķērsiela (s)	[ʃtʲɛ:rsiɛla]
beco (m) sem saída	strupceļš (v)	[struptselʲʃ]

casa (f)	māja (s)	[ma:ja]
edifício, prédio (m)	ēka (s)	[ɛ:ka]
arranha-céus (m)	augstceltne (s)	[augsttseltne]
fachada (f)	fasāde (s)	[fasa:de]
telhado (m)	jumts (v)	[jumts]

janela (f)	logs (v)	[lɔgs]
arco (m)	loks (v)	[lɔks]
coluna (f)	kolona (s)	[kɔlɔna]
esquina (f)	stūris (v)	[stu:ris]
montra (f)	skatlogs (v)	[skatlɔgs]
letreiro (m)	izkārtne (s)	[izka:rtne]
cartaz (m)	afiša (s)	[afiʃa]
cartaz (m) publicitário	reklāmu plakāts (v)	[rekla:mu plaka:ts]
painel (m) publicitário	reklāmu dēlis (v)	[rekla:mu de:lis]
lixo (m)	atkritumi (v dsk)	[atkritumi]
cesta (f) do lixo	atkritumu tvertne (s)	[atkritumu tvertne]
jogar lixo na rua	piegružot	[piɛgruʒɔt]
aterro (m) sanitário	izgāztuve (s)	[izga:ztuve]
cabine (f) telefónica	telefona būda (s)	[tɛlefɔna bu:da]
candeeiro (m) de rua	laterna (s)	[laterna]
banco (m)	sols (v)	[sɔls]
polícia (m)	policists (v)	[pɔlitsists]
polícia (instituição)	policija (s)	[pɔlitsija]
mendigo (m)	nabags (v)	[nabags]
sem-abrigo (m)	bezpajumtnieks (v)	[bezpajumtniɛks]

54. Instituições urbanas

loja (f)	veikals (v)	[vɛikals]
farmácia (f)	aptieka (s)	[aptiɛka]
ótica (f)	optika (s)	[ɔptika]
centro (m) comercial	tirdzniecības centrs (v)	[tirdzniɛtsi:bas tsentrs]
supermercado (m)	lielveikals (v)	[liɛlvɛikals]
padaria (f)	maiznīca (s)	[maizni:tsa]
padeiro (m)	maiznieks (v)	[maizniɛks]
pastelaria (f)	konditoreja (s)	[kɔnditɔreja]
mercearia (f)	pārtikas preču veikals (v)	[pa:rtikas pretʃu vɛikals]
talho (m)	gaļas veikals (v)	[gaļas vɛikals]
loja (f) de legumes	sakņu veikals (v)	[sakņu vɛikals]
mercado (m)	tirgus (v)	[tirgus]
café (m)	kafejnīca (s)	[kafejni:tsa]
restaurante (m)	restorāns (v)	[restɔra:ns]
bar (m), cervejaria (f)	alus krogs (v)	[alus krɔgs]
pizzaria (f)	picērija (s)	[pitse:rija]
salão (m) de cabeleireiro	frizētava (s)	[frizɛ:tava]
correios (m pl)	pasts (v)	[pasts]
lavandaria (f)	ķīmiskā tīrītava (s)	[tʲi:miska: ti:ri:tava]
estúdio (m) fotográfico	fotostudija (s)	[fɔtɔstudija]
sapataria (f)	apavu veikals (v)	[apavu vɛikals]
livraria (f)	grāmatnīca (s)	[gra:matni:tsa]

T&P Books. Vocabulário Português-Letão - 5000 palavras

loja (f) de artigos de desporto	sporta preču veikals (v)	[spɔrta pretʃu vɛikals]
reparação (f) de roupa	apģērbu labošana (s)	[apdʲeːrbu labɔʃana]
aluguer (m) de roupa	apģērbu noma (s)	[apdʲeːrbu nɔma]
aluguer (m) de filmes	filmu noma (s)	[filmu nɔma]
circo (m)	cirks (v)	[tsirks]
jardim (m) zoológico	zoodārzs (v)	[zɔɔdaːrzs]
cinema (m)	kinoteātris (v)	[kinɔteaːtris]
museu (m)	muzejs (v)	[muzejs]
biblioteca (f)	bibliotēka (s)	[bibliɔtɛːka]
teatro (m)	teātris (v)	[teaːtris]
ópera (f)	opera (s)	[ɔpɛra]
clube (m) noturno	naktsklubs (v)	[naktsklubs]
casino (m)	kazino (v)	[kazinɔ]
mesquita (f)	mošeja (s)	[mɔʃeja]
sinagoga (f)	sinagoga (s)	[sinagɔga]
catedral (f)	katedrāle (s)	[katedraːle]
templo (m)	dievnams (v)	[diɛvnams]
igreja (f)	baznīca (s)	[bazniːtsa]
instituto (m)	institūts (v)	[instituːts]
universidade (f)	universitāte (s)	[univɛrsitaːte]
escola (f)	skola (s)	[skɔla]
prefeitura (f)	prefektūra (s)	[prefektuːra]
câmara (f) municipal	mērija (s)	[meːrija]
hotel (m)	viesnīca (s)	[viɛsniːtsa]
banco (m)	banka (s)	[banka]
embaixada (f)	vēstniecība (s)	[veːstniɛtsiːba]
agência (f) de viagens	tūrisma aģentūra (s)	[tuːrisma adʲentuːra]
agência (f) de informações	izziņu birojs (v)	[izziɲu birɔjs]
casa (f) de câmbio	apmaiņas punkts (v)	[apmaiɲas punkts]
metro (m)	metro (v)	[metrɔ]
hospital (m)	slimnīca (s)	[slimniːtsa]
posto (m) de gasolina	degvielas uzpildes stacija (s)	[degviɛlas uzpildes statsija]
parque (m) de estacionamento	autostāvvieta (s)	[autɔstaːvviɛta]

55. Sinais

letreiro (m)	izkārtne (s)	[izkaːrtne]
inscrição (f)	uzraksts (v)	[uzraksts]
cartaz, póster (m)	plakāts (v)	[plakaːts]
sinal (m) informativo	ceļrādis (v)	[tselʲraːdis]
seta (f)	bultiņa (s)	[bultiɲa]
aviso (advertência)	brīdinājums (v)	[briːdinaːjums]
sinal (m) de aviso	brīdinājums (v)	[briːdinaːjums]
avisar, advertir (vt)	brīdināt	[briːdinaːt]

dia (m) de folga	brīvdiena (s)	[bri:vdiɛna]
horário (m)	saraksts (v)	[saraksts]
horário (m) de funcionamento	darba laiks (v)	[darba laiks]

BEM-VINDOS!	LAIPNI LŪDZAM!	[laipni lu:dzam!]
ENTRADA	IEEJA	[iɛeja]
SAÍDA	IZEJA	[izeja]

EMPURRE	GRŪST	[gru:st]
PUXE	VILKT	[vilkt]
ABERTO	ATVĒRTS	[atve:rts]
FECHADO	SLĒGTS	[sle:gts]

| MULHER | SIEVIEŠU | [siɛviɛʃu] |
| HOMEM | VĪRIEŠU | [vi:riɛʃu] |

DESCONTOS	ATLAIDES	[atlaides]
SALDOS	IZPĀRDOŠANA	[izpa:rdɔʃana]
NOVIDADE!	JAUNUMS!	[jaunums!]
GRÁTIS	BEZMAKSAS	[bezmaksas]

ATENÇÃO!	UZMANĪBU!	[uzmani:bu!]
NÃO HÁ VAGAS	BRĪVU VIETU NAV	[bri:vu viɛtu nav]
RESERVADO	REZERVĒTS	[rɛzerve:ts]

| ADMINISTRAÇÃO | ADMINISTRĀCIJA | [administra:tsija] |
| SOMENTE PESSOAL AUTORIZADO | TIKAI PERSONĀLAM | [tikai pɛrsɔna:lam] |

CUIDADO CÃO FEROZ	NIKNS SUNS	[nikns suns]
PROIBIDO FUMAR!	SMĒĶĒT AIZLIEGTS!	[smɛ:tʲe:t aizliɛgts!]
NÃO TOCAR	AR ROKĀM NEAIZTIKT	[ar rɔka:m neaiztikt]

PERIGOSO	BĪSTAMI	[bi:stami]
PERIGO	BĪSTAMS	[bi:stams]
ALTA TENSÃO	AUGSTSPRIEGUMS	[augstspriɛgums]
PROIBIDO NADAR	PELDĒT AIZLIEGTS!	[pelde:t aizliɛgts!]
AVARIADO	NESTRĀDĀ	[nestra:da:]

INFLAMÁVEL	UGUNSNEDROŠS	[ugunsnedrɔʃs]
PROIBIDO	AIZLIEGTS	[aizliɛgts]
ENTRADA PROIBIDA	IEIEJA AIZLIEGTA	[iɛiɛja aizliɛgta]
CUIDADO TINTA FRESCA	SVAIGI KRĀSOTS	[svaigi kra:sɔts]

56. Transportes urbanos

autocarro (m)	autobuss (v)	[autɔbus]
elétrico (m)	tramvajs (v)	[tramvajs]
troleicarro (m)	trolejbuss (v)	[trɔlejbus]
itinerário (m)	maršruts (v)	[marʃruts]
número (m)	numurs (v)	[numurs]

| ir de ... (carro, etc.) | braukt ar ... | [braukt ar ...] |
| entrar (~ no autocarro) | iekāpt | [iɛka:pt] |

descer de ...	izkāpt	[izka:pt]
paragem (f)	pietura (s)	[piɛtura]
próxima paragem (f)	nākamā pietura (s)	[na:kama: piɛtura]
ponto (m) final	galapunkts (v)	[galapunkts]
horário (m)	saraksts (v)	[saraksts]
esperar (vt)	gaidīt	[gaidi:t]
bilhete (m)	biļete (s)	[bilʲɛte]
custo (m) do bilhete	biļetes maksa (s)	[bilʲɛtes maksa]
bilheteiro (m)	kasieris (v)	[kasiɛris]
controlo (m) dos bilhetes	kontrole (s)	[kɔntrɔle]
revisor (m)	kontrolieris (v)	[kɔntrɔliɛris]
atrasar-se (vr)	nokavēties	[nɔkave:tiɛs]
perder (o autocarro, etc.)	nokavēt ...	[nɔkave:t ...]
estar com pressa	steigties	[stɛigtiɛs]
táxi (m)	taksometrs (v)	[taksɔmetrs]
taxista (m)	taksists (v)	[taksists]
de táxi (ir ~)	ar taksometru	[ar taksɔmetru]
praça (f) de táxis	taksometru stāvvieta (s)	[taksɔmetru sta:vviɛta]
chamar um táxi	izsaukt taksometru	[izsaukt taksɔmetru]
apanhar um táxi	nolīgt taksometru	[nɔli:gt taksɔmetru]
tráfego (m)	satiksme (s)	[satiksme]
engarrafamento (m)	sastrēgums (v)	[sastrɛ:gums]
horas (f pl) de ponta	maksimālās slodzes laiks (v)	[maksima:la:s slɔdzes laiks]
estacionar (vi)	novietot auto	[nɔviɛtɔt autɔ]
estacionar (vt)	novietot auto	[nɔviɛtɔt autɔ]
parque (m) de estacionamento	autostāvvieta (s)	[autɔsta:vviɛta]
metro (m)	metro (v)	[metrɔ]
estação (f)	stacija (s)	[statsija]
ir de metro	braukt ar metro	[braukt ar metrɔ]
comboio (m)	vilciens (v)	[viltsiɛns]
estação (f)	dzelzceļa stacija (s)	[dzelztsɛlʲa statsija]

57. Turismo

monumento (m)	piemineklis (v)	[piɛmineklis]
fortaleza (f)	cietoksnis (v)	[tsiɛtɔksnis]
palácio (m)	pils (s)	[pils]
castelo (m)	pils (s)	[pils]
torre (f)	tornis (v)	[tɔrnis]
mausoléu (m)	mauzolejs (v)	[mauzɔlejs]
arquitetura (f)	arhitektūra (s)	[arxitektu:ra]
medieval	viduslaiku	[viduslaiku]
antigo	senlaiku	[senlaiku]
nacional	nacionāls	[natsiɔna:ls]
conhecido	slavens	[slavens]
turista (m)	tūrists (v)	[tu:rists]

Português	Letão	Pronúncia
guia (pessoa)	gids (v)	[gids]
excursão (f)	ekskursija (s)	[ekskursija]
mostrar (vt)	parādīt	[para:di:t]
contar (vt)	stāstīt	[sta:sti:t]
encontrar (vt)	atrast	[atrast]
perder-se (vr)	nomaldīties	[nɔmaldi:tiɛs]
mapa (~ do metrô)	shēma (s)	[sxɛ:ma]
mapa (~ da cidade)	plāns (v)	[pla:ns]
lembrança (f), presente (m)	suvenīrs (v)	[suveni:rs]
loja (f) de presentes	suvenīru veikals (v)	[suveni:ru vɛikals]
fotografar (vt)	fotografēt	[fotɔgrafe:t]
fotografar-se	fotografēties	[fotɔgrafe:tiɛs]

58. Compras

Português	Letão	Pronúncia
comprar (vt)	pirkt	[pirkt]
compra (f)	pirkums (v)	[pirkums]
fazer compras	iepirkties	[iɛpirktiɛs]
compras (f pl)	iepirkšanās (s)	[iɛpirkʃana:s]
estar aberta (loja, etc.)	strādāt	[stra:da:t]
estar fechada	slēgties	[sle:gtiɛs]
calçado (m)	apavi (v dsk)	[apavi]
roupa (f)	apģērbs (v)	[apdʲe:rbs]
cosméticos (m pl)	kosmētika (s)	[kɔsme:tika]
alimentos (m pl)	pārtikas produkti (v dsk)	[pa:rtikas prɔdukti]
presente (m)	dāvana (s)	[da:vana]
vendedor (m)	pārdevējs (v)	[pa:rdɛve:js]
vendedora (f)	pārdevēja (s)	[pa:rdɛve:ja]
caixa (f)	kase (s)	[kase]
espelho (m)	spogulis (v)	[spɔgulis]
balcão (m)	lete (s)	[lɛte]
cabine (f) de provas	pielaikošanas kabīne (s)	[piɛlaikɔʃanas kabi:ne]
provar (vt)	pielaikot	[piɛlaikɔt]
servir (vi)	derēt	[dɛre:t]
gostar (apreciar)	patikt	[patikt]
preço (m)	cena (s)	[tsɛna]
etiqueta (f) de preço	cenas zīme (s)	[tsɛnas zi:me]
custar (vt)	maksāt	[maksa:t]
Quanto?	Cik?	[tsik?]
desconto (m)	atlaide (s)	[atlaide]
não caro	ne visai dārgs	[ne visai da:rgs]
barato	lēts	[le:ts]
caro	dārgs	[da:rgs]
É caro	Tas ir dārgi	[tas ir da:rgi]
aluguer (m)	noma (s)	[nɔma]

alugar (vestidos, etc.)	paņemt nomā	[paɲemt nɔma:]
crédito (m)	kredīts (v)	[kredi:ts]
a crédito	uz kredīta	[uz kredi:ta]

59. Dinheiro

dinheiro (m)	nauda (s)	[nauda]
câmbio (m)	maiņa (s)	[maiɲa]
taxa (f) de câmbio	kurss (v)	[kurs]
Caixa Multibanco (m)	bankomāts (v)	[bankɔma:ts]
moeda (f)	monēta (s)	[mɔnɛ:ta]

| dólar (m) | dolārs (v) | [dɔla:rs] |
| euro (m) | eiro (v) | [ɛirɔ] |

lira (f)	lira (s)	[lira]
marco (m)	marka (s)	[marka]
franco (m)	franks (v)	[franks]
libra (f) esterlina	sterliņu mārciņa (s)	[sterliɲu ma:rtsiɲa]
iene (m)	jena (s)	[jena]

dívida (f)	parāds (v)	[para:ds]
devedor (m)	parādnieks (v)	[para:dniɛks]
emprestar (vt)	aizdot	[aizdɔt]
pedir emprestado	aizņemties	[aizɲemtiɛs]

banco (m)	banka (s)	[banka]
conta (f)	konts (v)	[kɔnts]
depositar (vt)	noguldīt	[nɔguldi:t]
depositar na conta	noguldīt kontā	[nɔguldi:t kɔnta:]
levantar (vt)	izņemt no konta	[izɲemt nɔ kɔnta]

cartão (m) de crédito	kredītkarte (s)	[kredi:tkarte]
dinheiro (m) vivo	skaidra nauda (v)	[skaidra nauda]
cheque (m)	čeks (v)	[tʃeks]
passar um cheque	izrakstīt čeku	[izraksti:t tʃɛku]
livro (m) de cheques	čeku grāmatiņa (s)	[tʃɛku gra:matiɲa]

carteira (f)	maks (v)	[maks]
porta-moedas (m)	maks (v)	[maks]
cofre (m)	seifs (v)	[sɛifs]

herdeiro (m)	mantinieks (v)	[mantiniɛks]
herança (f)	mantojums (v)	[mantɔjums]
fortuna (riqueza)	mantība (s)	[manti:ba]

arrendamento (m)	rentēšana (s)	[rente:ʃana]
renda (f) de casa	īres maksa (s)	[i:res maksa]
alugar (vt)	īrēt	[i:re:t]

preço (m)	cena (s)	[tsɛna]
custo (m)	vērtība (s)	[ve:rti:ba]
soma (f)	summa (s)	[summa]
gastar (vt)	tērēt	[tɛ:re:t]

gastos (m pl)	izdevumi (v dsk)	[izdɛvumi]
economizar (vi)	taupīt	[taupi:t]
económico	taupīgs	[taupi:gs]
pagar (vt)	maksāt	[maksa:t]
pagamento (m)	samaksa (s)	[samaksa]
troco (m)	atlikums (v)	[atlikums]
imposto (m)	nodoklis (v)	[nɔdɔklis]
multa (f)	sods (v)	[sɔds]
multar (vt)	uzlikt naudas sodu	[uzlikt naudas sɔdu]

60. Correios. Serviço postal

correios (m pl)	pasts (v)	[pasts]
correio (m)	pasts (v)	[pasts]
carteiro (m)	pastnieks (v)	[pastniɛks]
horário (m)	darba laiks (v)	[darba laiks]
carta (f)	vēstule (s)	[ve:stule]
carta (f) registada	ierakstīta vēstule (s)	[iɛraksti:ta ve:stule]
postal (m)	pastkarte (s)	[pastkarte]
telegrama (m)	telegramma (s)	[tɛlegramma]
encomenda (f) postal	sūtījums (v)	[su:ti:jums]
remessa (f) de dinheiro	naudas pārvedums (v)	[naudas pa:rvɛdums]
receber (vt)	saņemt	[saɲemt]
enviar (vt)	nosūtīt	[nɔsu:ti:t]
envio (m)	aizsūtīšana (s)	[aizsu:ti:ʃana]
endereço (m)	adrese (s)	[adrɛse]
código (m) postal	indekss (v)	[indeks]
remetente (m)	sūtītājs (v)	[su:ti:ta:js]
destinatário (m)	saņēmējs (v)	[saɲɛ:me:js]
nome (m)	vārds (v)	[va:rds]
apelido (m)	uzvārds (v)	[uzva:rds]
tarifa (f)	tarifs (v)	[tarifs]
ordinário	parasts	[parasts]
económico	ekonomisks	[ekɔnɔmisks]
peso (m)	svars (v)	[svars]
pesar (estabelecer o peso)	svērt	[sve:rt]
envelope (m)	aploksne (s)	[aplɔksne]
selo (m)	marka (s)	[marka]
colar o selo	uzlīmēt marku	[uzli:me:t marku]

Moradia. Casa. Lar

61. Casa. Eletricidade

eletricidade (f)	elektrība (s)	[ɛlektri:ba]
lâmpada (f)	spuldze (s)	[spuldze]
interruptor (m)	izslēdzējs (v)	[izsle:dze:js]
fusível (m)	drošinātājs (v)	[drɔʃina:ta:js]
fio, cabo (m)	vads (v)	[vads]
instalação (f) elétrica	instalācija (s)	[instala:tsija]
contador (m) de eletricidade	skaitītājs (v)	[skaiti:ta:js]
indicação (f), registo (m)	rādījums (v)	[ra:di:jums]

62. Moradia. Mansão

casa (f) de campo	ārpilsētas māja (s)	[a:rpilsɛ:tas ma:ja]
vila (f)	villa (s)	[villa]
ala (~ do edifício)	ēkas spārns (v)	[ɛ:kas spa:rns]
jardim (m)	dārzs (v)	[da:rzs]
parque (m)	parks (v)	[parks]
estufa (f)	oranžērija (s)	[ɔranʒe:rija]
cuidar de ...	kopt	[kɔpt]
piscina (f)	baseins (v)	[basɛins]
ginásio (m)	sporta zāle (s)	[spɔrta za:le]
campo (m) de ténis	tenisa laukums (v)	[tenisa laukums]
cinema (m)	kinoteātris (v)	[kinɔtea:tris]
garagem (f)	garāža (s)	[gara:ʒa]
propriedade (f) privada	privātīpašums (v)	[priva:ti:paʃums]
terreno (m) privado	privātīpašums (v)	[priva:ti:paʃums]
advertência (f)	brīdinājums (v)	[bri:dina:jums]
sinal (m) de aviso	brīdinājuma zīme (s)	[bri:dina:juma zi:me]
guarda (f)	apsardze (s)	[apsardze]
guarda (m)	apsargs (v)	[apsargs]
alarme (m)	signalizācija (s)	[signaliza:tsija]

63. Apartamento

apartamento (m)	dzīvoklis (v)	[dzi:vɔklis]
quarto (m)	istaba (s)	[istaba]
quarto (m) de dormir	guļamistaba (s)	[guļʲamistaba]

sala (f) de jantar	ēdamistaba (s)	[ɛ:damistaba]
sala (f) de estar	viesistaba (s)	[viɛsistaba]
escritório (m)	kabinets (v)	[kabinets]
antessala (f)	priekštelpa (s)	[priɛkʃtelpa]
quarto (m) de banho	vannas istaba (s)	[vannas istaba]
toilette (lavabo)	tualete (s)	[tualɛte]
teto (m)	griesti (v dsk)	[griɛsti]
chão, soalho (m)	grīda (s)	[gri:da]
canto (m)	kakts (v)	[kakts]

64. Mobiliário. Interior

mobiliário (m)	mēbeles (s dsk)	[me:bɛles]
mesa (f)	galds (v)	[galds]
cadeira (f)	krēsls (v)	[kre:sls]
cama (f)	gulta (s)	[gulta]
divã (m)	dīvāns (v)	[di:va:ns]
cadeirão (m)	atpūtas krēsls (v)	[atpu:tas kre:sls]
estante (f)	grāmatplaukts (v)	[gra:matplaukts]
prateleira (f)	plaukts (v)	[plaukts]
guarda-vestidos (m)	drēbju skapis (v)	[dre:bju skapis]
cabide (m) de parede	pakaramais (v)	[pakaramais]
cabide (m) de pé	stāvpakaramais (v)	[sta:vpakaramais]
cómoda (f)	kumode (s)	[kumɔde]
mesinha (f) de centro	žurnālu galdiņš (v)	[ʒurna:lu galdiɲʃ]
espelho (m)	spogulis (v)	[spɔgulis]
tapete (m)	paklājs (v)	[pakla:js]
tapete (m) pequeno	paklājiņš (v)	[pakla:jiɲʃ]
lareira (f)	kamīns (v)	[kami:ns]
vela (f)	svece (s)	[svetse]
castiçal (m)	svečturis (v)	[svetʃturis]
cortinas (f pl)	aizkari (v dsk)	[aizkari]
papel (m) de parede	tapetes (s dsk)	[tapɛtes]
estores (f pl)	žalūzijas (s dsk)	[ʒalu:zijas]
candeeiro (m) de mesa	galda lampa (s)	[galda lampa]
candeeiro (m) de parede	gaismeklis (v)	[gaismeklis]
candeeiro (m) de pé	stāvlampa (s)	[sta:vlampa]
lustre (m)	lustra (s)	[lustra]
pé (de mesa, etc.)	kāja (s)	[ka:ja]
braço (m)	elkoņa balsts (v)	[elkɔɲa balsts]
costas (f pl)	atzveltne (s)	[atzveltne]
gaveta (f)	atvilktne (s)	[atvilktne]

65. Quarto de dormir

roupa (f) de cama	gultas veļa (s)	[gultas vɛlʲa]
almofada (f)	spilvens (v)	[spilvens]
fronha (f)	spilvendrāna (s)	[spilvendra:na]
cobertor (m)	sega (s)	[sɛga]
lençol (m)	palags (v)	[palags]
colcha (f)	pārsegs (v)	[pa:rsegs]

66. Cozinha

cozinha (f)	virtuve (s)	[virtuve]
gás (m)	gāze (s)	[ga:ze]
fogão (m) a gás	gāzes plīts (v)	[ga:zes pli:ts]
fogão (m) elétrico	elektriskā plīts (v)	[ɛlektriska: pli:ts]
forno (m)	cepeškrāsns (v)	[tsɛpeʃkra:sns]
forno (m) de micro-ondas	mikroviļņu krāsns (v)	[mikrɔvilʲɲu kra:sns]
frigorífico (m)	ledusskapis (v)	[lɛduskapis]
congelador (m)	saldētava (s)	[saldɛ:tava]
máquina (f) de lavar louça	trauku mazgājamā mašīna (s)	[trauku mazga:jama: maʃi:na]
moedor (m) de carne	gaļas mašīna (s)	[galʲas maʃi:na]
espremedor (m)	sulu spiede (s)	[sulu spiɛde]
torradeira (f)	tosters (v)	[tɔstɛrs]
batedeira (f)	mikseris (v)	[mikseris]
máquina (f) de café	kafijas aparāts (v)	[kafijas apara:ts]
cafeteira (f)	kafijas kanna (s)	[kafijas kanna]
moinho (m) de café	kafijas dzirnaviņas (s)	[kafijas dzirnaviɲas]
chaleira (f)	tējkanna (s)	[te:jkanna]
bule (m)	tējkanna (s)	[te:jkanna]
tampa (f)	vāciņš (v)	[va:tsiɲʃ]
coador (m) de chá	sietiņš (v)	[siɛtiɲʃ]
colher (f)	karote (s)	[karɔte]
colher (f) de chá	tējkarote (s)	[te:jkarɔte]
colher (f) de sopa	ēdamkarote (s)	[ɛ:damkarɔte]
garfo (m)	dakša (s)	[dakʃa]
faca (f)	nazis (v)	[nazis]
louça (f)	galda piederumi (v dsk)	[galda piɛdɛrumi]
prato (m)	šķīvis (v)	[ʃtʲi:vis]
pires (m)	apakštase (s)	[apakʃtase]
cálice (m)	glāzīte (s)	[gla:zi:te]
copo (m)	glāze (s)	[gla:ze]
chávena (f)	tase (s)	[tase]
açucareiro (m)	cukurtrauks (v)	[tsukurtrauks]
saleiro (m)	sālstrauks (v)	[sa:lstrauks]

| pimenteiro (m) | piparu trauciņš (v) | [piparu trautsiɲʃ] |
| manteigueira (f) | sviesta trauks (v) | [sviɛsta trauks] |

panela, caçarola (f)	kastrolis (v)	[kastrɔlis]
frigideira (f)	panna (s)	[panna]
concha (f)	smeļamkarote (s)	[smɛlʲamkarɔte]
passador (m)	caurduris (v)	[tsaurduris]
bandeja (f)	paplāte (s)	[papla:te]

garrafa (f)	pudele (s)	[pudɛle]
boião (m) de vidro	burka (s)	[burka]
lata (f)	bundža (s)	[bundʒa]

abre-garrafas (m)	atvere (s)	[atvɛre]
abre-latas (m)	atvere (s)	[atvɛre]
saca-rolhas (m)	korķviļķis (v)	[kɔrtʲvilʲtʲis]
filtro (m)	filtrs (v)	[filtrs]
filtrar (vt)	filtrēt	[filtre:t]

| lixo (m) | atkritumi (v dsk) | [atkritumi] |
| balde (m) do lixo | atkritumu tvertne (s) | [atkritumu tvertne] |

67. Casa de banho

quarto (m) de banho	vannas istaba (s)	[vannas istaba]
água (f)	ūdens (v)	[u:dens]
torneira (f)	krāns (v)	[kra:ns]
água (f) quente	karsts ūdens (v)	[karsts u:dens]
água (f) fria	auksts ūdens (v)	[auksts u:dens]

pasta (f) de dentes	zobu pasta (s)	[zɔbu pasta]
escovar os dentes	tīrīt zobus	[ti:ri:t zɔbus]
escova (f) de dentes	zobu birste (s)	[zɔbu birste]

barbear-se (vr)	skūties	[sku:tiɛs]
espuma (f) de barbear	skūšanās putas (s)	[sku:ʃana:s putas]
máquina (f) de barbear	skuveklis (v)	[skuveklis]

lavar (vt)	mazgāt	[mazga:t]
lavar-se (vr)	mazgāties	[mazga:tiɛs]
duche (m)	duša (s)	[duʃa]
tomar um duche	iet dušā	[iɛt duʃa:]

banheira (f)	vanna (s)	[vanna]
sanita (f)	klozetpods (v)	[klɔzetpɔds]
lavatório (m)	izlietne (s)	[izliɛtne]

| sabonete (m) | ziepes (s dsk) | [ziɛpes] |
| saboneteira (f) | ziepju trauks (v) | [ziɛpju trauks] |

esponja (f)	sūklis (v)	[su:klis]
champô (m)	šampūns (v)	[ʃampu:ns]
toalha (f)	dvielis (v)	[dviɛlis]
roupão (m) de banho	halāts (v)	[xala:ts]

lavagem (f)	veļas mazgāšana (s)	[vɛlʲas mazga:ʃana]
máquina (f) de lavar	veļas mazgājamā mašīna (s)	[vɛlʲas mazga:jama:maʃi:na]
lavar a roupa	mazgāt veļu	[mazga:t vɛlʲu]
detergente (m)	veļas pulveris (v)	[vɛlʲas pulveris]

68. Eletrodomésticos

televisor (m)	televizors (v)	[tɛlevizɔrs]
gravador (m)	magnetofons (v)	[magnetɔfɔns]
videogravador (m)	videomagnetofons (v)	[videɔmagnetɔfɔns]
rádio (m)	radio uztvērējs (v)	[radiɔ uztvɛ:re:js]
leitor (m)	atskaņotājs (v)	[atskaɲɔta:js]

projetor (m)	video projektors (v)	[videɔ prɔjektɔrs]
cinema (m) em casa	mājas kinoteātris (v)	[ma:jas kinɔtea:tris]
leitor (m) de DVD	DVD atskaņotājs (v)	[dvd atskaɲɔta:js]
amplificador (m)	pastiprinātājs (v)	[pastiprina:ta:js]
console (f) de jogos	spēļu konsole (s)	[spɛ:lʲu kɔnsɔle]

câmara (f) de vídeo	videokamera (s)	[videɔkamɛra]
máquina (f) fotográfica	fotoaparāts (v)	[fɔtɔapara:ts]
câmara (f) digital	digitālais fotoaparāts (v)	[digita:lais fɔtɔapara:ts]

aspirador (m)	putekļu sūcējs (v)	[puteklʲu su:tse:js]
ferro (m) de engomar	gludeklis (v)	[gludeklis]
tábua (f) de engomar	gludināmais dēlis (v)	[gludina:mais de:lis]

telefone (m)	tālrunis (v)	[ta:lrunis]
telemóvel (m)	mobilais tālrunis (v)	[mɔbilais ta:lrunis]
máquina (f) de escrever	rakstāmmašīna (s)	[raksta:mmaʃi:na]
máquina (f) de costura	šujmašīna (s)	[ʃujmaʃi:na]

microfone (m)	mikrofons (v)	[mikrɔfɔns]
auscultadores (m pl)	austiņas (s dsk)	[austiɲas]
controlo remoto (m)	pults (v)	[pults]

CD (m)	kompaktdisks (v)	[kɔmpaktdisks]
cassete (f)	kasete (s)	[kasɛte]
disco (m) de vinil	plate (s)	[plate]

ATIVIDADES HUMANAS

Emprego. Negócios. Parte 1

69. Escritório. O trabalho no escritório

escritório (~ de advogados)	birojs (v)	[birɔjs]
escritório (do diretor, etc.)	kabinets (v)	[kabinets]
receção (f)	reģistratūra (s)	[redʲistratu:ra]
secretário (m)	sekretārs (v)	[sekrɛta:rs]
secretária (f)	sekretāre (s)	[sekrɛta:re]
diretor (m)	direktors (v)	[direktɔrs]
gerente (m)	menedžeris (v)	[mɛnedʒeris]
contabilista (m)	grāmatvedis (v)	[gra:matvedis]
empregado (m)	darbinieks (v)	[darbiniɛks]
mobiliário (m)	mēbeles (s dsk)	[me:bɛles]
mesa (f)	galds (v)	[galds]
cadeira (f)	krēsls (v)	[kre:sls]
bloco (m) de gavetas	atvilktņu bloks (v)	[atvilktɲu blɔks]
cabide (m) de pé	stāvpakaramais (v)	[sta:vpakaramais]
computador (m)	dators (v)	[datɔrs]
impressora (f)	printeris (v)	[printeris]
fax (m)	fakss (v)	[faks]
fotocopiadora (f)	kopējamais aparāts (v)	[kɔpe:jamais apara:ts]
papel (m)	papīrs (v)	[papi:rs]
artigos (m pl) de escritório	kancelejas preces (s dsk)	[kantsɛlejas pretses]
tapete (m) de rato	paliktnis (v)	[paliktnis]
folha (f) de papel	lapa (s)	[lapa]
pasta (f)	mape (s)	[mape]
catálogo (m)	katalogs (v)	[katalɔgs]
diretório (f) telefónico	rokasgrāmata (s)	[rɔkasgra:mata]
documentação (f)	dokumentācija (s)	[dɔkumenta:tsija]
brochura (f)	brošūra (s)	[brɔʃu:ra]
flyer (m)	skrejlapa (s)	[skrejlapa]
amostra (f)	paraugs (v)	[paraugs]
formação (f)	praktiskā nodarbība (s)	[praktiska: nɔdarbi:ba]
reunião (f)	sapulce (s)	[sapultse]
hora (f) de almoço	pusdienu pārtraukums (v)	[pusdiɛnu pa:rtraukums]
fazer uma cópia	kopēt	[kɔpe:t]
tirar cópias	pavairot	[pavairɔt]
receber um fax	saņemt faksu	[saɲemt faksu]
enviar um fax	sūtīt faksu	[su:ti:t faksu]

fazer uma chamada	piezvanīt	[piɛzvani:t]
responder (vt)	atbildēt	[atbilde:t]
passar (vt)	savienot	[saviɛnɔt]
marcar (vt)	nozīmēt	[nɔzi:me:t]
demonstrar (vt)	demonstrēt	[demɔnstre:t]
estar ausente	nebūt klāt	[nɛbu:t kla:t]
ausência (f)	kavējums (v)	[kave:jums]

70. Processos negociais. Parte 1

negócio (m)	darīšanas (s dsk)	[dari:ʃanas]
ocupação (f)	process (v)	[prɔtses]
firma, empresa (f)	firma (s)	[firma]
companhia (f)	kompānija (s)	[kɔmpa:nija]
corporação (f)	korporācija (s)	[kɔrpɔra:tsija]
empresa (f)	uzņēmums (v)	[uzɲɛ:mums]
agência (f)	aģentūra (s)	[adʲentu:ra]
acordo (documento)	līgums (v)	[li:gums]
contrato (m)	līgums (v)	[li:gums]
acordo (transação)	darījums (v)	[dari:jums]
encomenda (f)	pasūtījums (v)	[pasu:ti:jums]
cláusulas (f pl), termos (m pl)	nosacījums (v)	[nɔsatsi:jums]
por grosso (adv)	vairumā	[vairuma:]
por grosso (adj)	vairum-	[vairum-]
venda (f) por grosso	vairumtirdzniecība (s)	[vairumtirdzniɛtsi:ba]
a retalho	mazumtirdzniecības-	[mazumtirdzniɛtsi:bas-]
venda (f) a retalho	mazumtirdzniecība (s)	[mazumtirdzniɛtsi:ba]
concorrente (m)	konkurents (v)	[kɔnkurents]
concorrência (f)	konkurence (s)	[kɔnkurentse]
competir (vi)	konkurēt	[kɔnkure:t]
sócio (m)	partneris (v)	[partneris]
parceria (f)	partnerība (s)	[partneri:ba]
crise (f)	krīze (s)	[kri:ze]
bancarrota (f)	bankrots (v)	[bankrɔts]
entrar em falência	bankrotēt	[bankrɔte:t]
dificuldade (f)	grūtības (s dsk)	[gru:ti:bas]
problema (m)	problēma (s)	[prɔblɛ:ma]
catástrofe (f)	katastrofa (s)	[katastrɔfa]
economia (f)	ekonomika (s)	[ekɔnɔmika]
económico	ekonomisks	[ekɔnɔmisks]
recessão (f) económica	ekonomikas lejupeja (s)	[ekɔnɔmikas lejupeja]
objetivo (m)	mērķis (v)	[me:rtʲis]
tarefa (f)	uzdevums (v)	[uzdɛvums]
comerciar (vi, vt)	tirgot	[tirgɔt]
rede (de distribuição)	tīkls (v)	[ti:kls]

| estoque (m) | noliktava (s) | [nɔliktava] |
| sortimento (m) | sortiments (v) | [sɔrtiments] |

líder (m)	līderis (v)	[li:deris]
grande (~ empresa)	liels	[liɛls]
monopólio (m)	monopols (v)	[mɔnɔpɔls]

teoria (f)	teorija (s)	[teɔrija]
prática (f)	prakse (s)	[prakse]
experiência (falar por ~)	pieredze (s)	[piɛredze]
tendência (f)	tendence (s)	[tendentse]
desenvolvimento (m)	attīstība (s)	[atti:sti:ba]

71. Processos negociais. Parte 2

| rentabilidade (f) | labums (v) | [labums] |
| rentável | izdevīgs | [izdevi:gs] |

delegação (f)	delegācija (s)	[delɛga:tsija]
salário, ordenado (m)	darba alga (s)	[darba alga]
corrigir (um erro)	labot	[labɔt]
viagem (f) de negócios	komandējums (v)	[kɔmande:jums]
comissão (f)	komisija (s)	[kɔmisija]

controlar (vt)	kontrolēt	[kɔntrɔle:t]
conferência (f)	konference (s)	[kɔnfɛrentse]
licença (f)	licence (s)	[litsentse]
confiável	uzticams	[uztitsams]

empreendimento (m)	pasākums (v)	[pasa:kums]
norma (f)	norma (s)	[nɔrma]
circunstância (f)	apstāklis (v)	[apsta:klis]
dever (m)	pienākums (v)	[piɛna:kums]

empresa (f)	organizācija (s)	[ɔrganiza:tsija]
organização (f)	organizēšana (s)	[ɔrganize:ʃana]
organizado	organizēts	[ɔrganize:ts]
anulação (f)	atcelšana (s)	[attselʃana]
anular, cancelar (vt)	atcelt	[attselt]
relatório (m)	atskaite (s)	[atskaite]

patente (f)	patents (v)	[patents]
patentear (vt)	patentēt	[patente:t]
planear (vt)	plānot	[pla:nɔt]

prémio (m)	prēmija (s)	[pre:mija]
profissional	profesionāls	[prɔfesiɔna:ls]
procedimento (m)	procedūra (s)	[prɔtsɛdu:ra]

examinar (a questão)	izskatīt	[izskati:t]
cálculo (m)	aprēķins (v)	[apre:tʲins]
reputação (f)	reputācija (s)	[rɛputa:tsija]
risco (m)	risks (v)	[risks]
dirigir (~ uma empresa)	vadīt	[vadi:t]

informação (f)	ziņas (s dsk)	[ziɲas]
propriedade (f)	īpašums (v)	[i:paʃums]
união (f)	savienība (s)	[saviɛni:ba]

seguro (m) de vida	dzīvības apdrošināšana (s)	[dzi:vi:bas apdrɔʃina:ʃana]
fazer um seguro	apdrošināt	[apdrɔʃina:t]
seguro (m)	apdrošināšana (s)	[apdrɔʃina:ʃana]

leilão (m)	izsole (s)	[izsɔle]
notificar (vt)	paziņot	[paziɲɔt]
gestão (f)	vadīšana (s)	[vadi:ʃana]
serviço (indústria de ~s)	pakalpojums (v)	[pakalpɔjums]

fórum (m)	forums (v)	[fɔrums]
funcionar (vi)	funkcionēt	[funktsiɔne:t]
estágio (m)	posms (v)	[pɔsms]
jurídico	juridisks	[juridisks]
jurista (m)	jurists (v)	[jurists]

72. Produção. Trabalhos

usina (f)	rūpnīca (s)	[ru:pni:tsa]
fábrica (f)	fabrika (s)	[fabrika]
oficina (f)	cehs (v)	[tsexs]
local (m) de produção	rūpniecības nozare (s)	[ru:pniɛtsi:bas nɔzare]

indústria (f)	rūpniecība (s)	[ru:pniɛtsi:ba]
industrial	rūpniecisks	[ru:pniɛtsisks]
indústria (f) pesada	smagā rūpniecība (s)	[smaga: ru:pniɛtsi:ba]
indústria (f) ligeira	vieglā rūpniecība (s)	[viɛgla: ru:pniɛtsi:ba]

produção (f)	produkcija (s)	[prɔduktsija]
produzir (vt)	ražot	[raʒɔt]
matérias-primas (f pl)	izejviela (s)	[izejviɛla]

chefe (m) de brigada	brigadieris (v)	[brigadiɛris]
brigada (f)	brigāde (s)	[briga:de]
operário (m)	strādnieks (v)	[stra:dniɛks]

dia (m) de trabalho	darba diena (s)	[darba diɛna]
pausa (f)	pārtraukums (v)	[pa:rtraukums]
reunião (f)	sapulce (s)	[sapultse]
discutir (vt)	apspriest	[apspriɛst]

plano (m)	plāns (v)	[pla:ns]
cumprir o plano	izpildīt plānu	[izpildi:t pla:nu]
taxa (f) de produção	norma (s)	[nɔrma]
qualidade (f)	kvalitāte (s)	[kvalita:te]
controlo (m)	kontrole (s)	[kɔntrɔle]
controlo (m) da qualidade	kvalitātes kontrole (s)	[kvalita:tes kɔntrɔle]

segurança (f) no trabalho	darba drošība (s)	[darba drɔʃi:ba]
disciplina (f)	disciplīna (s)	[distsipli:na]
infração (f)	pārkāpums (v)	[pa:rka:pums]

violar (as regras)	pārkāpt	[pa:rka:pt]
greve (f)	streiks (v)	[strɛiks]
grevista (m)	streikotājs (v)	[strɛikɔta:js]
estar em greve	streikot	[strɛikɔt]
sindicato (m)	arodbiedrība (s)	[arɔdbiɛdri:ba]

inventar (vt)	izgudrot	[izgudrɔt]
invenção (f)	izgudrojums (v)	[izgudrɔjums]
pesquisa (f)	pētījums (v)	[pe:ti:jums]
melhorar (vt)	uzlabot	[uzlabɔt]
tecnologia (f)	tehnoloģija (s)	[texnɔlɔdʲija]
desenho (m) técnico	rasējums (v)	[rase:jums]

carga (f)	krava (s)	[krava]
carregador (m)	krāvējs (v)	[kra:ve:js]
carregar (vt)	iekraut	[iɛkraut]
carregamento (m)	iekraušana (s)	[iɛkrauʃana]
descarregar (vt)	izkraut	[izkraut]
descarga (f)	izkraušana (s)	[izkrauʃana]

transporte (m)	transports (v)	[transpɔrts]
companhia (f) de transporte	transporta kompānija (s)	[transpɔrta kɔmpa:nija]
transportar (vt)	transportēt	[transpɔrte:t]

vagão (m) de carga	vagons (v)	[vagɔns]
cisterna (f)	cisterna (s)	[tsisterna]
camião (m)	kravas automašīna (s)	[kravas autɔmaʃi:na]

máquina-ferramenta (f)	darbmašīna (s)	[darbmaʃi:na]
mecanismo (m)	mehānisms (v)	[mexa:nisms]

resíduos (m pl) industriais	atkritumi (v dsk)	[atkritumi]
embalagem (f)	iesaiņošana (s)	[iɛsaiɲɔʃana]
embalar (vt)	iesaiņot	[iɛsaiɲɔt]

73. Contrato. Acordo

contrato (m)	līgums (v)	[li:gums]
acordo (m)	vienošanās (s)	[viɛnɔʃana:s]
adenda (f), anexo (m)	pielikums (v)	[piɛlikums]

assinar o contrato	noslēgt līgumu	[nɔsle:gt li:gumu]
assinatura (f)	paraksts (v)	[paraksts]
assinar (vt)	parakstīt	[paraksti:t]
carimbo (m)	zīmogs (v)	[zi:mɔgs]

objeto (m) do contrato	līguma priekšmets (v)	[li:guma priɛkʃmets]
cláusula (f)	punkts (v)	[punkts]
partes (f pl)	puses (s dsk)	[puses]
morada (f) jurídica	juridiska adrese (s)	[juridiska adrɛse]

violar o contrato	pārkāpt līgumu	[pa:rka:pt li:gumu]
obrigação (f)	pienākums (v)	[piɛna:kums]
responsabilidade (f)	atbildība (s)	[atbildi:ba]

força (f) maior | nepārvarama vara (s) | [nɛpaːrvarama vara]
litígio (m), disputa (f) | strīds (v) | [striːds]
multas (f pl) | soda sankcijas (s dsk) | [sɔda sanktsijas]

74. Importação & Exportação

importação (f) | imports (v) | [impɔrts]
importador (m) | importētājs (v) | [impɔrtɛːtaːjs]
importar (vt) | importēt | [impɔrteːt]
de importação | importa- | [impɔrta-]

exportação (f) | eksports (v) | [ekspɔrts]
exportador (m) | eksportētājs (v) | [ekspɔrtɛːtaːjs]
exportar (vt) | eksportēt | [ekspɔrteːt]
de exportação | eksporta | [ekspɔrta]

mercadoria (f) | prece (s) | [pretse]
lote (de mercadorias) | partija (s) | [partija]

peso (m) | svars (v) | [svars]
volume (m) | apjoms (v) | [apjɔms]
metro (m) cúbico | kubikmetrs (v) | [kubikmetrs]

produtor (m) | ražotājs (v) | [raʒɔtaːjs]
companhia (f) de transporte | transporta kompānija (s) | [transpɔrta kɔmpaːnija]
contentor (m) | konteiners (v) | [kɔntɛinɛrs]

fronteira (f) | robeža (s) | [rɔbeʒa]
alfândega (f) | muita (s) | [muita]
taxa (f) alfandegária | muitas nodeva (s) | [muitas nɔdɛva]
funcionário (m) da alfândega | muitas ierēdnis (v) | [muitas iɛreːdnis]
contrabando (atividade) | kontrabanda (s) | [kɔntrabanda]
contrabando (produtos) | kontrabanda (s) | [kɔntrabanda]

75. Finanças

ação (f) | akcija (s) | [aktsija]
obrigação (f) | obligācija (s) | [ɔbligaːtsija]
nota (f) promissória | vekselis (v) | [vekselis]

bolsa (f) | birža (s) | [birʒa]
cotação (m) das ações | akciju kurss (v) | [aktsiju kurs]

tornar-se mais barato | kļūt lētākam | [klʲuːt lɛːtaːkam]
tornar-se mais caro | kļūt dārgākam | [klʲuːt daːrgaːkam]

parte (f) | akcija, paja (s) | [aktsija], [paja]
participação (f) maioritária | kontroles pakete (s) | [kɔntrɔles pakɛte]
investimento (m) | investīcijas (s dsk) | [investiːtsijas]
investir (vt) | investēt | [investeːt]
percentagem (f) | procents (v) | [prɔtsents]
juros (m pl) | procenti (v dsk) | [prɔtsenti]

lucro (m)	peļņa (s)	[peḷʲɲa]
lucrativo	ienesīgs	[iɛnesiːgs]
imposto (m)	nodoklis (v)	[nɔdɔklis]
divisa (f)	valūta (s)	[valuːta]
nacional	nacionāls	[natsiɔnaːls]
câmbio (m)	apmaiņa (s)	[apmaiɲa]
contabilista (m)	grāmatvedis (v)	[graːmatvedis]
contabilidade (f)	grāmatvedība (s)	[graːmatvediːba]
bancarrota (f)	bankrots (v)	[bankrɔts]
falência (f)	krahs (v)	[kraxs]
ruína (f)	izputēšana (s)	[izputeːʃana]
arruinar-se (vr)	izputēt	[izputeːt]
inflação (f)	inflācija (s)	[inflaːtsija]
desvalorização (f)	devalvācija (s)	[dɛvalvaːtsija]
capital (m)	kapitāls (v)	[kapitaːls]
rendimento (m)	ienākums (v)	[iɛnaːkums]
volume (m) de negócios	apgrieziens (v)	[apgriɛziɛns]
recursos (m pl)	resursi (v dsk)	[rɛsursi]
recursos (m pl) financeiros	naudas līdzekļi (v dsk)	[naudas liːdzekḷʲi]
despesas (f pl) gerais	pieskaitāmie izdevumi (v dsk)	[piɛskaitaːmiɛ izdɛvumi]
reduzir (vt)	samazināt	[samazinaːt]

76. Marketing

marketing (m)	mārketings (v)	[maːrketiŋgs]
mercado (m)	tirgus (v)	[tirgus]
segmento (m) do mercado	tirgus segments (v)	[tirgus segments]
produto (m)	produkts (v)	[prɔdukts]
mercadoria (f)	prece (s)	[pretse]
marca (f)	zīmols (v)	[ziːmɔls]
marca (f) comercial	tirdzniecības zīme (s)	[tirdzniɛtsiːbas ziːme]
logotipo (m)	firmas zīme (s)	[firmas ziːme]
logo (m)	logotips (v)	[lɔgɔtips]
demanda (f)	pieprasījums (v)	[piɛprasiːjums]
oferta (f)	piedāvājums (v)	[piɛdaːvaːjums]
necessidade (f)	vajadzība (s)	[vajadziːba]
consumidor (m)	patērētājs (v)	[patɛːrɛːtaːjs]
análise (f)	analīze (s)	[analiːze]
analisar (vt)	analizēt	[analizeːt]
posicionamento (m)	pozicionēšana (s)	[pɔzitsiɔneːʃana]
posicionar (vt)	pozicionēt	[pɔzitsiɔneːt]
preço (m)	cena (s)	[tsɛna]
política (f) de preços	cenu politika (s)	[tsenu pɔlitika]
formação (f) de preços	cenu izveidošana (s)	[tsenu izvɛidɔʃana]

77. Publicidade

publicidade (f)	reklāma (s)	[rekla:ma]
publicitar (vt)	reklamēt	[reklame:t]
orçamento (m)	budžets (v)	[budʒets]

anúncio (m) publicitário	reklāma (s)	[rekla:ma]
publicidade (f) televisiva	telereklāma (s)	[tɛlɛrekla:ma]
publicidade (f) na rádio	radioreklāma (s)	[radiorekla:ma]
publicidade (f) exterior	ārējā reklāma (s)	[a:re:ja: rekla:ma]

comunicação (f) de massa	masu informācijas līdzekļi (v dsk)	[masu informa:tsijas li:dzeklʲi]
periódico (m)	periodisks izdevums (v)	[periodisks izdɛvums]
imagem (f)	imidžs (v)	[imidʒs]

slogan (m)	lozungs (v)	[lɔzuŋgs]
mote (m), divisa (f)	devīze (s)	[devi:ze]

campanha (f)	kampaņa (s)	[kampaɲa]
companha (f) publicitária	reklāmas kampaņa (s)	[rekla:mas kampaɲa]
grupo (m) alvo	mērķa auditorija (s)	[me:rtʲa auditorija]

cartão (m) de visita	vizītkarte (s)	[vizi:tkarte]
flyer (m)	skrejlapa (s)	[skrejlapa]
brochura (f)	brošūra (s)	[brɔʃu:ra]
folheto (m)	buklets (v)	[buklets]
boletim (~ informativo)	slimības lapa (s)	[slimi:bas lapa]

letreiro (m)	izkārtne (s)	[izka:rtne]
cartaz, póster (m)	plakāts (v)	[plaka:ts]
painel (m) publicitário	reklāmu dēlis (v)	[rekla:mu de:lis]

78. Banca

banco (m)	banka (s)	[banka]
sucursal, balcão (f)	nodaļa (s)	[nɔdalʲa]

consultor (m)	konsultants (v)	[kɔnsultants]
gerente (m)	pārvaldnieks (v)	[pa:rvaldnieks]

conta (f)	konts (v)	[kɔnts]
número (m) da conta	konta numurs (v)	[kɔnta numurs]
conta (f) corrente	tekošais konts (v)	[tekɔʃais kɔnts]
conta (f) poupança	iekrājumu konts (v)	[iɛkra:jumu kɔnts]

abrir uma conta	atvērt kontu	[atve:rt kɔntu]
fechar uma conta	aizvērt kontu	[aizve:rt kɔntu]
depositar na conta	nolikt kontā	[nɔlikt kɔnta:]
levantar (vt)	izņemt no konta	[izɲemt nɔ kɔnta]

depósito (m)	ieguldījums (v)	[iɛguldi:jums]
fazer um depósito	veikt ieguldījumu	[vɛikt iɛguldi:jumu]

transferência (f) bancária	pārskaitījums (v)	[pa:rskaiti:jums]
transferir (vt)	pārskaitīt	[pa:rskaiti:t]
soma (f)	summa (s)	[summa]
Quanto?	Cik?	[tsik?]
assinatura (f)	paraksts (v)	[paraksts]
assinar (vt)	parakstīt	[paraksti:t]
cartão (m) de crédito	kredītkarte (s)	[kredi:tkarte]
código (m)	kods (v)	[kɔds]
número (m) do cartão de crédito	kredītkartes numurs (v)	[kredi:tkartes numurs]
Caixa Multibanco (m)	bankomāts (v)	[bankɔma:ts]
cheque (m)	čeks (v)	[tʃeks]
passar um cheque	izrakstīt čeku	[izraksti:t tʃɛku]
livro (m) de cheques	čeku grāmatiņa (s)	[tʃɛku gra:matiɲa]
empréstimo (m)	kredīts (v)	[kredi:ts]
pedir um empréstimo	griezties pēc kredīta	[griɛzties pe:ts kredi:ta]
obter um empréstimo	ņemt kredītu	[ɲemt kredi:tu]
conceder um empréstimo	dot kredītu	[dɔt kredi:tu]
garantia (f)	garantija (s)	[garantija]

79. Telefone. Conversação telefónica

telefone (m)	tālrunis (v)	[ta:lrunis]
telemóvel (m)	mobilais tālrunis (v)	[mɔbilais ta:lrunis]
secretária (f) electrónica	autoatbildētājs (v)	[autɔatbildɛ:ta:js]
fazer uma chamada	zvanīt	[zvani:t]
chamada (f)	zvans (v)	[zvans]
marcar um número	uzgriezt telefona numuru	[uzgriɛzt tɛlefɔna numuru]
Alô!	Hallo!	[xallɔ!]
perguntar (vt)	pajautāt	[pajauta:t]
responder (vt)	atbildēt	[atbilde:t]
ouvir (vt)	dzirdēt	[dzirde:t]
bem	labi	[labi]
mal	slikti	[slikti]
ruído (m)	traucējumi (v dsk)	[trautse:jumi]
auscultador (m)	klausule (s)	[klausule]
pegar o telefone	noņemt klausuli	[nɔɲemt klausuli]
desligar (vi)	nolikt klausuli	[nɔlikt klausuli]
ocupado	aizņemts	[aizɲemts]
tocar (vi)	zvanīt	[zvani:t]
lista (f) telefónica	telefona grāmata (s)	[tɛlefɔna gra:mata]
local	vietējais	[viɛte:jais]
chamada (f) local	vietējais zvans (v)	[viɛte:jais zvans]

de longa distância	starppilsētu	[starppilsɛ:tu]
chamada (f) de longa distância	starppilsētu zvans (v)	[starppilsɛ:tu zvans]
internacional	starptautiskais	[starptautiskais]
chamada (f) internacional	starptautiskais zvans (v)	[starptautiskais zvans]

80. Telefone móvel

telemóvel (m)	mobilais tālrunis (v)	[mɔbilais ta:lrunis]
ecrã (m)	displejs (v)	[displejs]
botão (m)	poga (s)	[pɔga]
cartão SIM (m)	SIM-karte (s)	[sim-karte]

bateria (f)	baterija (s)	[baterija]
descarregar-se	izlādēties	[izla:de:tiɛs]
carregador (m)	uzlādes ierīce (s)	[uzla:des iɛri:tse]

menu (m)	izvēlne (s)	[izve:lne]
definições (f pl)	uzstādījumi (v dsk)	[uzsta:di:jumi]
melodia (f)	melodija (s)	[melɔdija]
escolher (vt)	izvēlēties	[izvɛ:le:tiɛs]

calculadora (f)	kalkulators (v)	[kalkulatɔrs]
correio (m) de voz	autoatbildētājs (v)	[autɔatbildɛ:ta:js]
despertador (m)	modinātājs (v)	[mɔdina:ta:js]
contatos (m pl)	telefona grāmata (s)	[tɛlefɔna gra:mata]

| mensagem (f) de texto | SMS-ziņa (s) | [sms-ziɲa] |
| assinante (m) | abonents (v) | [abɔnents] |

81. Estacionário

| caneta (f) | lodīšu pildspalva (s) | [lɔdi:ʃu pildspalva] |
| caneta (f) tinteiro | spalvaskāts (v) | [spalvaska:ts] |

lápis (m)	zīmulis (v)	[zi:mulis]
marcador (m)	marķieris (v)	[martʲiɛris]
caneta (f) de feltro	flomasteris (v)	[flɔmasteris]

| bloco (m) de notas | bloknots (v) | [blɔknɔts] |
| agenda (f) | dienasgrāmata (s) | [diɛnasgra:mata] |

régua (f)	lineāls (v)	[linea:ls]
calculadora (f)	kalkulators (v)	[kalkulatɔrs]
borracha (f)	dzēšgumija (s)	[dze:ʃgumija]
pionés (m)	piespraude (s)	[piɛspraude]
clipe (m)	saspraude (s)	[saspraude]

cola (f)	līme (s)	[li:me]
agrafador (m)	skavotājs (v)	[skavɔta:js]
furador (m)	caurumotājs (v)	[tsaurumɔta:js]
afia-lápis (m)	zīmuļu asināmais (v)	[zi:muʎu asina:mais]

82. Tipos de negócios

serviços (m pl) de contabilidade	grāmatvežu pakalpojumi (v dsk)	[graːmatveʒu pakalpɔjumi]
publicidade (f)	reklāma (s)	[reklaːma]
agência (f) de publicidade	reklāmas aģentūra (s)	[reklaːmas adʲentuːra]
ar (m) condicionado	kondicionieri (v dsk)	[kɔnditsiɔniɛri]
companhia (f) aérea	aviokompānija (s)	[aviɔkɔmpaːnija]

bebidas (f pl) alcoólicas	alkoholiskie dzērieni (v dsk)	[alkɔxɔliskiɛ dzeːriɛni]
comércio (m) de antiguidades	antikvariāts (v)	[antikvariaːts]
galeria (f) de arte	mākslas galerija (s)	[maːkslas galerija]
serviços (m pl) de auditoria	audita pakalpojumi (v dsk)	[audita pakalpɔjumi]

negócios (m pl) bancários	banku bizness (v)	[banku biznes]
bar (m)	bārs (v)	[baːrs]
salão (m) de beleza	skaistuma salons (v)	[skaistuma salɔns]
livraria (f)	grāmatnīca (s)	[graːmatniːtsa]
cervejaria (f)	alus darītava (s)	[alus dariːtava]
centro (m) de escritórios	bizness-centrs (v)	[biznes-tsentrs]
escola (f) de negócios	bizness-skola (s)	[biznes-skɔla]

casino (m)	kazino (v)	[kazinɔ]
construção (f)	būvniecība (s)	[buːvniɛtsiːba]
serviços (m pl) de consultoria	konsultācijas (s dsk)	[kɔnsultaːtsijas]

estomatologia (f)	stomatoloģija (s)	[stɔmatɔlɔdʲija]
design (m)	dizains (v)	[dizains]
farmácia (f)	aptieka (s)	[aptiɛka]
lavandaria (f)	ķīmiskā tīrītava (s)	[tʲiːmiskaː tiːriːtava]
agência (f) de emprego	nodarbinātības aģentūra (s)	[nɔdarbinaːtiːbas adʲentuːra]

serviços (m pl) financeiros	finanšu pakalpojumi (v dsk)	[finanʃu pakalpɔjumi]
alimentos (m pl)	pārtikas produkti (v dsk)	[paːrtikas prɔdukti]
agência (f) funerária	apbedīšanas birojs (v)	[apbediːʃanas birɔjs]
mobiliário (m)	mēbeles (s dsk)	[meːbɛles]
roupa (f)	apģērbs (v)	[apdʲeːrbs]
hotel (m)	viesnīca (s)	[viɛsniːtsa]

gelado (m)	saldējums (v)	[saldeːjums]
indústria (f)	rūpniecība (s)	[ruːpniɛtsiːba]
seguro (m)	apdrošināšana (s)	[apdrɔʃinaːʃana]
internet (f)	internets (v)	[internets]
investimento (m)	investīcijas (s dsk)	[investiːtsijas]

joalheiro (m)	juvelieris (v)	[juveliɛris]
joias (f pl)	juvelieru izstrādājumi (v dsk)	[juveliɛru izstraːdaːjumi]
lavandaria (f)	veļas mazgātava (s)	[vɛlʲas mazgaːtava]
serviços (m pl) jurídicos	juristu pakalpojumi (v dsk)	[juristu pakalpɔjumi]
indústria (f) ligeira	vieglā rūpniecība (s)	[viɛglaː ruːpniɛtsiːba]

revista (f)	žurnāls (v)	[ʒurnaːls]
vendas (f pl) por catálogo	tirdzniecība pēc kataloga (s)	[tirdzniɛtsiːba peːts katalɔgu]
medicina (f)	medicīna (s)	[meditsiːna]
cinema (m)	kinoteātris (v)	[kinɔteaːtris]

museu (m)	muzejs (v)	[muzejs]
agência (f) de notícias	informāciju aģentūra (s)	[informa:tsiju adʲentu:ra]
jornal (m)	laikraksts (v)	[laikraksts]
clube (m) noturno	naktsklubs (v)	[naktsklubs]

petróleo (m)	nafta (s)	[nafta]
serviço (m) de encomendas	kurjeru dienests (v)	[kurjeru diɛnests]
indústria (f) farmacêutica	farmācija (s)	[farma:tsija]
poligrafia (f)	poligrāfija (s)	[pɔligra:fija]
editora (f)	izdevniecība (s)	[izdevniɛtsi:ba]

rádio (m)	radio (v)	[radiɔ]
imobiliário (m)	nekustamais īpašums (v)	[nɛkustamais i:paʃums]
restaurante (m)	restorāns (v)	[restɔra:ns]

empresa (f) de segurança	apsardzes aģentūra (s)	[apsardzes adʲentu:ra]
desporto (m)	sports (v)	[spɔrts]
bolsa (f)	birža (s)	[birʒa]
loja (f)	veikals (v)	[vɛikals]
supermercado (m)	lielveikals (v)	[liɛlvɛikals]
piscina (f)	baseins (v)	[basɛins]

alfaiataria (f)	ateljē (v)	[atelje:]
televisão (f)	televīzija (s)	[tɛlevi:zija]
teatro (m)	teātris (v)	[tea:tris]
comércio (atividade)	tirdzniecība (s)	[tirdzniɛtsi:ba]
serviços (m pl) de transporte	pārvadājumi (v dsk)	[pa:rvada:jumi]
viagens (f pl)	tūrisms (v)	[tu:risms]

veterinário (m)	veterinārs (v)	[vɛterina:rs]
armazém (m)	noliktava (s)	[nɔliktava]
recolha (f) do lixo	atkritumu izvešana (s)	[atkritumu izveʃana]

Emprego. Negócios. Parte 2

83. Espetáculo. Feira

feira (f)	izstāde (s)	[izsta:de]
feira (f) comercial	tirdzniecības izstāde (s)	[tirdzniɛtsi:bas izsta:de]
participação (f)	piedalīšanās (s)	[piɛdali:ʃana:s]
participar (vi)	piedalīties	[piɛdali:tiɛs]
participante (m)	dalībnieks (v)	[dali:bniɛks]
diretor (m)	direktors (v)	[direktɔrs]
direção (f)	direkcija (s)	[direktsija]
organizador (m)	organizators (v)	[ɔrganizatɔrs]
organizar (vt)	organizēt	[ɔrganize:t]
ficha (f) de inscrição	pieteikums (v) dalībai	[piɛtɛikums dali:bai]
preencher (vt)	aizpildīt	[aizpildi:t]
detalhes (m pl)	detaļas (s dsk)	[dɛtaḷas]
informação (f)	informācija (s)	[infɔrma:tsija]
preço (m)	cena (s)	[tsɛna]
incluindo	ieskaitot	[iɛskaitɔt]
incluir (vt)	ietvert	[iɛtvert]
pagar (vt)	maksāt	[maksa:t]
taxa (f) de inscrição	reģistrācijas iemaksa (s)	[redʲistra:tsijas iɛmaksa]
entrada (f)	ieeja (s)	[iɛeja]
pavilhão (m)	paviljons (v)	[paviljɔns]
inscrever (vt)	reģistrēt	[redʲistre:t]
crachá (m)	personas karte (s)	[pɛrsɔnas karte]
stand (m)	stends (v)	[stends]
reservar (vt)	rezervēt	[rɛzerve:t]
vitrina (f)	skatlogs (v)	[skatlɔgs]
foco, spot (m)	gaismeklis (v)	[gaismeklis]
design (m)	dizains (v)	[dizains]
pôr, colocar (vt)	izvietot	[izviɛtɔt]
ser colocado, -a	atrasties	[atrastiɛs]
distribuidor (m)	izplatītājs (v)	[izplati:ta:js]
fornecedor (m)	piegādātājs (v)	[piɛga:da:ta:js]
fornecer (vt)	piegādāt	[piɛga:da:t]
país (m)	valsts (s)	[valsts]
estrangeiro	ārzemju	[a:rzemju]
produto (m)	produkts (v)	[prɔdukts]
associação (f)	asociācija (s)	[asɔtsia:tsija]
sala (f) de conferências	konferenču zāle (s)	[kɔnfɛrentʃu za:le]

| congresso (m) | kongress (v) | [kɔŋgres] |
| concurso (m) | konkurss (v) | [kɔnkurs] |

visitante (m)	apmeklētājs (v)	[apmeklɛ:ta:js]
visitar (vt)	apmeklēt	[apmekle:t]
cliente (m)	pasūtītājs (v)	[pasu:ti:ta:js]

84. Ciência. Investigação. Cientistas

ciência (f)	zinātne (s)	[zina:tne]
científico	zinātnisks	[zina:tnisks]
cientista (m)	zinātnieks (v)	[zina:tniɛks]
teoria (f)	teorija (s)	[teɔrija]

axioma (m)	aksioma (s)	[aksiɔma]
análise (f)	analīze (s)	[anali:ze]
analisar (vt)	analizēt	[analize:t]
argumento (m)	arguments (v)	[arguments]
substância (f)	viela (s)	[viɛla]

hipótese (f)	hipotēze (s)	[xipɔtɛ:ze]
dilema (m)	dilemma (s)	[dilemma]
tese (f)	disertācija (s)	[diserta:tsija]
dogma (m)	dogma (s)	[dɔgma]

doutrina (f)	doktrīna (s)	[dɔktri:na]
pesquisa (f)	pētījums (v)	[pe:ti:jums]
pesquisar (vt)	pētīt	[pe:ti:t]
teste (m)	kontrole (s)	[kɔntrɔle]
laboratório (m)	laboratorija (s)	[labɔratɔrija]

método (m)	metode (s)	[metɔde]
molécula (f)	molekula (s)	[mɔlɛkula]
monitoramento (m)	monitorings (v)	[mɔnitɔriŋgs]
descoberta (f)	atklājums (v)	[atkla:jums]

postulado (m)	postulāts (v)	[pɔstula:ts]
princípio (m)	princips (v)	[printsips]
prognóstico (previsão)	prognoze (s)	[prɔgnɔze]
prognosticar (vt)	prognozēt	[prɔgnɔze:t]

síntese (f)	sintēze (s)	[sintɛ:ze]
tendência (f)	tendence (s)	[tendentse]
teorema (m)	teorēma (s)	[teɔrɛ:ma]

ensinamentos (m pl)	mācība (s)	[ma:tsi:ba]
facto (m)	fakts (v)	[fakts]
expedição (f)	ekspedīcija (s)	[ekspedi:tsija]
experiência (f)	eksperiments (v)	[eksperiments]

académico (m)	akadēmiķis (v)	[akade:mit'is]
bacharel (m)	bakalaurs (v)	[bakalaurs]
doutor (m)	doktors (v)	[dɔktɔrs]
docente (m)	docents (v)	[dɔtsents]

mestre (m) maģistrs (v) [madʲistrs]
professor (m) catedrático profesors (v) [profesors]

Profissões e ocupações

85. Procura de emprego. Demissão

trabalho (m)	darbs (v)	[darbs]
equipa (f)	štats (v)	[ʃtats]
pessoal (m)	personāls (v)	[pɛrsɔnaːls]
carreira (f)	karjera (s)	[karjera]
perspetivas (f pl)	perspektīva (s)	[pɛrspektiːva]
mestria (f)	meistarība (s)	[mɛistariːba]
seleção (f)	izlase (s)	[izlase]
agência (f) de emprego	nodarbinātības aģentūra (s)	[nɔdarbinaːtiːbas adʲentuːra]
CV, currículo (m)	kopsavilkums (v)	[kɔpsavilkums]
entrevista (f) de emprego	darba intervija (s)	[darba intervija]
vaga (f)	vakance (s)	[vakantse]
salário (m)	darba alga (s)	[darba alga]
salário (m) fixo	alga (s)	[alga]
pagamento (m)	samaksa (s)	[samaksa]
posto (m)	amats (v)	[amats]
dever (do empregado)	pienākums (v)	[piɛnaːkums]
gama (f) de deveres	loks (v)	[lɔks]
ocupado	aizņemts	[aizɲemts]
despedir, demitir (vt)	atlaist	[atlaist]
demissão (f)	atlaišana (s)	[atlaiʃana]
desemprego (m)	bezdarbs (v)	[bezdarbs]
desempregado (m)	bezdarbnieks (v)	[bezdarbniɛks]
reforma (f)	pensija (s)	[pensija]
reformar-se	aiziet pensijā	[aiziɛt pensijaː]

86. Gente de negócios

diretor (m)	direktors (v)	[direktɔrs]
gerente (m)	pārvaldnieks (v)	[paːrvaldniɛks]
patrão, chefe (m)	vadītājs (v)	[vadiːtaːjs]
superior (m)	priekšnieks (v)	[priɛkʃniɛks]
superiores (m pl)	priekšniecība (s)	[priɛkʃniɛtsiːba]
presidente (m)	prezidents (v)	[prezidents]
presidente (m) de direção	priekšsēdētājs (v)	[priɛkʃsɛːdɛːtaːjs]
substituto (m)	aizvietotājs (v)	[aizviɛtɔtaːjs]
assistente (m)	palīgs (v)	[paliːgs]

| secretário (m) | sekretārs (v) | [sekrɛta:rs] |
| secretário (m) pessoal | personīgais sekretārs (v) | [pɛrsɔni:gais sekrɛta:rs] |

homem (m) de negócios	biznesmenis (v)	[biznesmenis]
empresário (m)	uzņēmējs (v)	[uzɲɛ:me:js]
fundador (m)	pamatlicējs (v)	[pamatlitse:js]
fundar (vt)	nodibināt	[nɔdibina:t]

fundador, sócio (m)	dibinātājs (v)	[dibina:ta:js]
parceiro, sócio (m)	partneris (v)	[partneris]
acionista (m)	akcionārs (v)	[aktsiɔna:rs]

milionário (m)	miljonārs (v)	[miljɔna:rs]
bilionário (m)	miljardieris (v)	[miljardiɛris]
proprietário (m)	īpašnieks (v)	[i:paʃniɛks]
proprietário (m) de terras	zemes īpašnieks (v)	[zɛmes i:paʃniɛks]

cliente (m)	klients (v)	[kliɛnts]
cliente (m) habitual	pastāvīgais klients (v)	[pasta:vi:gais kliɛnts]
comprador (m)	pircējs (v)	[pirtse:js]
visitante (m)	apmeklētājs (v)	[apmeklɛ:ta:js]

profissional (m)	profesionālis (v)	[prɔfesiɔna:lis]
perito (m)	eksperts (v)	[eksperts]
especialista (m)	speciālists (v)	[spetsia:lists]

| banqueiro (m) | baņķieris (v) | [baɲtʲiɛris] |
| corretor (m) | brokeris (v) | [brɔkeris] |

caixa (m, f)	kasieris (v)	[kasiɛris]
contabilista (m)	grāmatvedis (v)	[gra:matvedis]
guarda (m)	apsargs (v)	[apsargs]

investidor (m)	investors (v)	[investɔrs]
devedor (m)	parādnieks (v)	[para:dniɛks]
credor (m)	kreditors (v)	[kreditɔrs]
mutuário (m)	aizņēmējs (v)	[aizɲɛ:me:js]

| importador (m) | importētājs (v) | [impɔrtɛ:ta:js] |
| exportador (m) | eksportētājs (v) | [ekspɔrtɛ:ta:js] |

produtor (m)	ražotājs (v)	[raʒɔta:js]
distribuidor (m)	izplatītājs (v)	[izplati:ta:js]
intermediário (m)	starpnieks (v)	[starpniɛks]

consultor (m)	konsultants (v)	[kɔnsultants]
representante (m)	pārstāvis (v)	[pa:rsta:vis]
agente (m)	aģents (v)	[adʲents]
agente (m) de seguros	apdrošināšanas aģents (v)	[apdrɔʃina:ʃanas adʲents]

87. Profissões de serviços

| cozinheiro (m) | pavārs (v) | [pava:rs] |
| cozinheiro chefe (m) | šefpavārs (v) | [ʃefpava:rs] |

padeiro (m)	maiznieks (v)	[maizniɛks]
barman (m)	bārmenis (v)	[baːrmenis]
empregado (m) de mesa	oficiants (v)	[ɔfitsiants]
empregada (f) de mesa	oficiante (s)	[ɔfitsiante]
advogado (m)	advokāts (v)	[advɔkaːts]
jurista (m)	jurists (v)	[jurists]
notário (m)	notārs (v)	[nɔtaːrs]
eletricista (m)	elektriķis (v)	[ɛlektritʲis]
canalizador (m)	santehniķis (v)	[santexnitʲis]
carpinteiro (m)	namdaris (v)	[namdaris]
massagista (m)	masieris (v)	[masiɛris]
massagista (f)	masiere (s)	[masiɛre]
médico (m)	ārsts (v)	[aːrsts]
taxista (m)	taksists (v)	[taksists]
condutor (automobilista)	šoferis (v)	[ʃɔferis]
entregador (m)	kurjers (v)	[kurjers]
camareira (f)	istabene (s)	[istabɛne]
guarda (m)	apsargs (v)	[apsargs]
hospedeira (f) de bordo	stjuarte (s)	[stjuarte]
professor (m)	skolotājs (v)	[skɔlɔtaːjs]
bibliotecário (m)	bibliotekārs (v)	[bibliɔtɛkaːrs]
tradutor (m)	tulks (v)	[tulks]
intérprete (m)	tulks (v)	[tulks]
guia (pessoa)	gids (v)	[gids]
cabeleireiro (m)	frizieris (v)	[friziɛris]
carteiro (m)	pastnieks (v)	[pastniɛks]
vendedor (m)	pārdevējs (v)	[paːrdɛveːjs]
jardineiro (m)	dārznieks (v)	[daːrzniɛks]
criado (m)	kalps (v)	[kalps]
criada (f)	kalpone (s)	[kalpɔne]
empregada (f) de limpeza	apkopēja (s)	[apkɔpeːja]

88. Profissões militares e postos

soldado (m) raso	ierindnieks (v)	[iɛrindniɛks]
sargento (m)	seržants (v)	[serʒants]
tenente (m)	leitnants (v)	[lɛitnants]
capitão (m)	kapteinis (v)	[kaptɛinis]
major (m)	majors (v)	[majɔrs]
coronel (m)	pulkvedis (v)	[pulkvedis]
general (m)	ģenerālis (v)	[dʲɛnɛraːlis]
marechal (m)	maršals (v)	[marʃals]
almirante (m)	admirālis (v)	[admiraːlis]
militar (m)	karavīrs (v)	[karaviːrs]
soldado (m)	karavīrs (v)	[karaviːrs]

oficial (m)	virsnieks (v)	[virsnieks]
comandante (m)	komandieris (v)	[kɔmandiɛris]
guarda (m) fronteiriço	robežsargs (v)	[rɔbeʒsargs]
operador (m) de rádio	radists (v)	[radists]
explorador (m)	izlūks (v)	[izlu:ks]
sapador (m)	sapieris (v)	[sapiɛris]
atirador (m)	šāvējs (v)	[ʃa:ve:js]
navegador (m)	stūrmanis (v)	[stu:rmanis]

89. Oficiais. Padres

rei (m)	karalis (v)	[karalis]
rainha (f)	karaliene (s)	[karaliɛne]
príncipe (m)	princis (v)	[printsis]
princesa (f)	princese (s)	[printsɛse]
czar (m)	cars (v)	[tsars]
czarina (f)	cariene (s)	[tsariɛne]
presidente (m)	prezidents (v)	[prezidents]
ministro (m)	ministrs (v)	[ministrs]
primeiro-ministro (m)	premjerministrs (v)	[premjerministrs]
senador (m)	senators (v)	[sɛnatɔrs]
diplomata (m)	diplomāts (v)	[diplɔma:ts]
cônsul (m)	konsuls (v)	[kɔnsuls]
embaixador (m)	vēstnieks (v)	[ve:stniɛks]
conselheiro (m)	padomnieks (v)	[padɔmniɛks]
funcionário (m)	ierēdnis (v)	[iɛre:dnis]
prefeito (m)	prefekts (v)	[prefekts]
Presidente (m) da Câmara	mērs (v)	[mɛ:rs]
juiz (m)	tiesnesis (v)	[tiɛsnesis]
procurador (m)	prokurors (v)	[prɔkurɔrs]
missionário (m)	misionārs (v)	[misiɔna:rs]
monge (m)	mūks (v)	[mu:ks]
abade (m)	abats (v)	[abats]
rabino (m)	rabīns (v)	[rabi:ns]
vizir (m)	vezīrs (v)	[vezi:rs]
xá (m)	šahs (v)	[ʃaxs]
xeque (m)	šeihs (v)	[ʃɛixs]

90. Profissões agrícolas

apicultor (m)	biškopis (v)	[biʃkɔpis]
pastor (m)	gans (v)	[gans]
agrónomo (m)	agronoms (v)	[agrɔnɔms]

criador (m) de gado	lopkopis (v)	[lɔpkɔpis]
veterinário (m)	veterinārs (v)	[vɛterina:rs]
agricultor (m)	fermeris (v)	[fermeris]
vinicultor (m)	vīndaris (v)	[vi:ndaris]
zoólogo (m)	zoologs (v)	[zɔɔlɔgs]
cowboy (m)	kovbojs (v)	[kɔvbɔjs]

91. Profissões artísticas

ator (m)	aktieris (v)	[aktiɛris]
atriz (f)	aktrise (s)	[aktrise]
cantor (m)	dziedātājs (v)	[dziɛda:ta:js]
cantora (f)	dziedātāja (s)	[dziɛda:ta:ja]
bailarino (m)	dejotājs (v)	[dejɔta:js]
bailarina (f)	dejotāja (s)	[dejɔta:ja]
artista (m)	mākslinieks (v)	[ma:kslinɛks]
artista (f)	māksliniece (s)	[ma:kslinɛtse]
músico (m)	mūziķis (v)	[mu:zitʲis]
pianista (m)	pianists (v)	[pianists]
guitarrista (m)	ģitārists (v)	[dʲita:rists]
maestro (m)	diriģents (v)	[diridʲents]
compositor (m)	komponists (v)	[kɔmpɔnists]
empresário (m)	impresārijs (v)	[imprɛsa:rijs]
realizador (m)	režisors (v)	[reʒisɔrs]
produtor (m)	producents (v)	[prɔdutsents]
argumentista (m)	scenārija autors (v)	[stsɛna:rija autɔrs]
crítico (m)	kritiķis (v)	[krititʲis]
escritor (m)	rakstnieks (v)	[rakstniɛks]
poeta (m)	dzejnieks (v)	[dzejniɛks]
escultor (m)	skulptors (v)	[skulptɔrs]
pintor (m)	mākslinieks (v)	[ma:kslinɛks]
malabarista (m)	žonglieris (v)	[ʒɔŋgliɛris]
palhaço (m)	klauns (v)	[klauns]
acrobata (m)	akrobāts (v)	[akrɔba:ts]
mágico (m)	burvju mākslinieks (v)	[burvju ma:kslinɛks]

92. Várias profissões

médico (m)	ārsts (v)	[a:rsts]
enfermeira (f)	medmāsa (s)	[medma:sa]
psiquiatra (m)	psihiatrs (v)	[psixiatrs]
estomatologista (m)	stomatologs (v)	[stɔmatɔlɔgs]
cirurgião (m)	ķirurgs (v)	[tʲirurgs]

astronauta (m)	astronauts (v)	[astrɔnauts]
astrónomo (m)	astronoms (v)	[astrɔnɔms]
motorista (m)	vadītājs (v)	[vadi:ta:js]
maquinista (m)	mašīnists (v)	[maʃi:nists]
mecânico (m)	mehāniķis (v)	[mexa:nitʲis]
mineiro (m)	ogļracis (v)	[ɔglʲratsis]
operário (m)	strādnieks (v)	[stra:dniɛks]
serralheiro (m)	atslēdznieks (v)	[atsle:dzniɛks]
marceneiro (m)	galdnieks (v)	[galdniɛks]
torneiro (m)	virpotājs (v)	[virpɔta:js]
construtor (m)	celtnieks (v)	[tseltniɛks]
soldador (m)	metinātājs (v)	[metina:ta:js]
professor (m) catedrático	profesors (v)	[prɔfesɔrs]
arquiteto (m)	arhitekts (v)	[arxitekts]
historiador (m)	vēsturnieks (v)	[ve:sturniɛks]
cientista (m)	zinātnieks (v)	[zina:tniɛks]
físico (m)	fiziķis (v)	[fizitʲis]
químico (m)	ķīmiķis (v)	[tʲi:mitʲis]
arqueólogo (m)	arheologs (v)	[arxeɔlɔgs]
geólogo (m)	ģeologs (v)	[dʲeɔlɔgs]
pesquisador (cientista)	pētnieks (v)	[pe:tniɛks]
babysitter (f)	aukle (s)	[aukle]
professor (m)	pedagogs (v)	[pɛdagɔgs]
redator (m)	redaktors (v)	[rɛdaktɔrs]
redator-chefe (m)	galvenais redaktors (v)	[galvɛnais rɛdaktɔrs]
correspondente (m)	korespondents (v)	[kɔrespɔndents]
datilógrafa (f)	mašīnrakstītāja (s)	[maʃi:nraksti:ta:ja]
designer (m)	dizainers (v)	[dizainɛrs]
especialista (m) em informática	datoru eksperts (v)	[datɔru eksperts]
programador (m)	programmētājs (v)	[prɔgrammɛ:ta:js]
engenheiro (m)	inženieris (v)	[inʒeniɛris]
marujo (m)	jūrnieks (v)	[ju:rniɛks]
marinheiro (m)	matrozis (v)	[matrɔzis]
salvador (m)	glābējs (v)	[gla:be:js]
bombeiro (m)	ugunsdzēsējs (v)	[ugunsdzɛ:se:js]
polícia (m)	policists (v)	[pɔlitsists]
guarda-noturno (m)	sargs (v)	[sargs]
detetive (m)	detektīvs (v)	[dɛtekti:vs]
funcionário (m) da alfândega	muitas ierēdnis (v)	[muitas iɛre:dnis]
guarda-costas (m)	miesassargs (v)	[miɛsasargs]
guarda (m) prisional	uzraugs (v)	[uzraugs]
inspetor (m)	inspektors (v)	[inspektɔrs]
desportista (m)	sportists (v)	[spɔrtists]
treinador (m)	treneris (v)	[trɛneris]

talhante (m)	miesnieks (v)	[miɛsniɛks]
sapateiro (m)	kurpnieks (v)	[kurpniɛks]
comerciante (m)	komersants (v)	[kɔmɛrsants]
carregador (m)	krāvējs (v)	[kra:ve:js]
estilista (m)	modelētājs (v)	[mɔdɛlɛ:ta:js]
modelo (f)	modele (s)	[mɔdɛle]

93. Ocupações. Estatuto social

aluno, escolar (m)	skolnieks (v)	[skɔlniɛks]
estudante (~ universitária)	students (v)	[students]
filósofo (m)	filosofs (v)	[filɔsɔfs]
economista (m)	ekonomists (v)	[ekɔnɔmists]
inventor (m)	izgudrotājs (v)	[izgudrɔta:js]
desempregado (m)	bezdarbnieks (v)	[bezdarbniɛks]
reformado (m)	pensionārs (v)	[pensiɔna:rs]
espião (m)	spiegs (v)	[spiɛgs]
preso (m)	ieslodzītais (v)	[iɛslɔdzi:tais]
grevista (m)	streikotājs (v)	[strɛikɔta:js]
burocrata (m)	birokrāts (v)	[birɔkra:ts]
viajante (m)	ceļotājs (v)	[tseʎɔta:js]
homossexual (m)	homoseksuālists (v)	[xɔmɔseksua:lists]
hacker (m)	hakeris (v)	[xakeris]
hippie	hipijs (v)	[xipijs]
bandido (m)	bandīts (v)	[bandi:ts]
assassino (m) a soldo	algots slepkava (v)	[algɔts slepkava]
toxicodependente (m)	narkomāns (v)	[narkɔma:ns]
traficante (m)	narkotiku tirgotājs (v)	[narkɔtiku tirgɔta:js]
prostituta (f)	prostitūta (s)	[prɔstitu:ta]
chulo (m)	suteners (v)	[sutɛnɛrs]
bruxo (m)	burvis (v)	[burvis]
bruxa (f)	burve (s)	[burve]
pirata (m)	pirāts (v)	[pira:ts]
escravo (m)	vergs (v)	[vergs]
samurai (m)	samurajs (v)	[samurajs]
selvagem (m)	mežonis (v)	[meʒɔnis]

Educação

94. Escola

escola (f)	skola (s)	[skɔla]
diretor (m) de escola	skolas direktors (v)	[skɔlas direktɔrs]
aluno (m)	skolnieks (v)	[skɔlniɛks]
aluna (f)	skolniece (s)	[skɔlniɛtse]
escolar (m)	skolnieks (v)	[skɔlniɛks]
escolar (f)	skolniece (s)	[skɔlniɛtse]
ensinar (vt)	mācīt	[maːtsiːt]
aprender (vt)	mācīties	[maːtsiːtiɛs]
aprender de cor	mācīties no galvas	[maːtsiːties nɔ galvas]
estudar (vi)	mācīties	[maːtsiːtiɛs]
andar na escola	mācīties	[maːtsiːtiɛs]
ir à escola	iet skolā	[iɛt skɔlaː]
alfabeto (m)	alfabēts (v)	[alfabeːts]
disciplina (f)	mācības priekšmets (v)	[maːtsiːbas priɛkʃmets]
sala (f) de aula	klase (s)	[klase]
lição (f)	stunda (s)	[stunda]
recreio (m)	starpbrīdis (v)	[starpbriːdis]
toque (m)	zvans (v)	[zvans]
carteira (f)	skolas sols (v)	[skɔlas sɔls]
quadro (m) negro	tāfele (s)	[taːfɛle]
nota (f)	atzīme (s)	[atziːme]
boa nota (f)	laba atzīme (s)	[laba atziːme]
nota (f) baixa	slikta atzīme (s)	[slikta atziːme]
dar uma nota	likt atzīmi	[likt atziːmi]
erro (m)	kļūda (s)	[klʲuːda]
fazer erros	kļūdīties	[klʲuːdiːtiɛs]
corrigir (vt)	labot	[labɔt]
cábula (f)	špikeris (v)	[ʃpikeris]
dever (m) de casa	mājas darbs (v)	[maːjas darbs]
exercício (m)	vingrinājums (v)	[viŋgrinaːjums]
estar presente	būt klāt	[buːt klaːt]
estar ausente	nebūt klāt	[nɛbuːt klaːt]
faltar às aulas	kavēt stundas	[kaveːt stundas]
punir (vt)	sodīt	[sɔdiːt]
punição (f)	sods (v)	[sɔds]
comportamento (m)	uzvedība (s)	[uzvediːba]

boletim (m) escolar	dienasgrāmata (s)	[diɛnasgra:mata]
lápis (m)	zīmulis (v)	[zi:mulis]
borracha (f)	dzēšgumija (s)	[dze:ʃgumija]
giz (m)	krīts (v)	[kri:ts]
estojo (m)	penālis (v)	[pɛna:lis]
pasta (f) escolar	portfelis (v)	[pɔrtfelis]
caneta (f)	pildspalva (s)	[pildspalva]
caderno (m)	burtnīca (s)	[burtni:tsa]
manual (m) escolar	mācību grāmata (s)	[ma:tsi:bu gra:mata]
compasso (m)	cirkulis (v)	[tsirkulis]
traçar (vt)	rasēt	[rase:t]
desenho (m) técnico	rasējums (v)	[rase:jums]
poesia (f)	dzejolis (v)	[dzejɔlis]
de cor	no galvas	[nɔ galvas]
aprender de cor	mācīties no galvas	[ma:tsi:ties nɔ galvas]
férias (f pl)	brīvlaiks (v)	[bri:vlaiks]
estar de férias	būt brīvlaikā	[bu:t bri:vlaika:]
passar as férias	pavadīt brīvlaiku	[pavadi:t bri:vlaiku]
teste (m)	kontroldarbs (v)	[kɔntrɔldarbs]
composição, redação (f)	sacerējums (v)	[satsɛre:jums]
ditado (m)	diktāts (v)	[dikta:ts]
exame (m)	eksāmens (v)	[eksa:mens]
fazer exame	likt eksāmenus	[likt eksa:menus]
experiência (~ química)	mēģinājums (v)	[me:dʲina:jums]

95. Colégio. Universidade

academia (f)	akadēmija (s)	[akade:mija]
universidade (f)	universitāte (s)	[univɛrsita:te]
faculdade (f)	fakultāte (s)	[fakulta:te]
estudante (m)	students (v)	[students]
estudante (f)	studente (s)	[studente]
professor (m)	pasniedzējs (v)	[pasniɛdze:js]
sala (f) de palestras	auditorija (s)	[auditɔrija]
graduado (m)	absolvents (v)	[absɔlvents]
diploma (m)	diploms (v)	[diplɔms]
tese (f)	disertācija (s)	[diserta:tsija]
estudo (obra)	pētījums (v)	[pe:ti:jums]
laboratório (m)	laboratorija (s)	[labɔratɔrija]
palestra (f)	lekcija (s)	[lektsija]
colega (m) de curso	kursa biedrs (v)	[kursa biɛdrs]
bolsa (f) de estudos	stipendija (s)	[stipendija]
grau (m) académico	zinātniskais grāds (v)	[zina:tniskais gra:ds]

96. Ciências. Disciplinas

matemática (f)	matemātika (s)	[matɛmaːtika]
álgebra (f)	algebra (s)	[algebra]
geometria (f)	ģeometrija (s)	[dʲeɔmetrija]
astronomia (f)	astronomija (s)	[astrɔnɔmija]
biologia (f)	bioloģija (s)	[biɔlɔdʲija]
geografia (f)	ģeogrāfija (s)	[dʲeɔgraːfija]
geologia (f)	ģeoloģija (s)	[dʲeɔlɔdʲija]
história (f)	vēsture (s)	[veːsture]
medicina (f)	medicīna (s)	[meditsiːna]
pedagogia (f)	pedagoģija (s)	[pɛdagɔdʲija]
direito (m)	tieslietas (s dsk)	[tiɛsliɛtas]
física (f)	fizika (s)	[fizika]
química (f)	ķīmija (s)	[tʲiːmija]
filosofia (f)	filozofija (s)	[filɔzɔfija]
psicologia (f)	psiholoģija (s)	[psixɔlɔdʲija]

97. Sistema de escrita. Ortografia

gramática (f)	gramatika (s)	[gramatika]
vocabulário (m)	leksika (s)	[leksika]
fonética (f)	fonētika (s)	[fɔneːtika]
substantivo (m)	lietvārds (v)	[liɛtvaːrds]
adjetivo (m)	īpašības vārds (v)	[iːpaʃiːbas vaːrds]
verbo (m)	darbības vārds (v)	[darbiːbas vaːrds]
advérbio (m)	apstākļa vārds (v)	[apstaːklʲa vaːrds]
pronome (m)	vietniekvārds (v)	[viɛtniɛkvaːrds]
interjeição (f)	izsauksmes vārds (v)	[izsauksmes vaːrds]
preposição (f)	prievārds (v)	[priɛvaːrds]
raiz (f) da palavra	vārda sakne (s)	[vaːrda sakne]
terminação (f)	galotne (s)	[galɔtne]
prefixo (m)	priedēklis (v)	[priɛdeːklis]
sílaba (f)	zilbe (s)	[zilbe]
sufixo (m)	sufikss (v)	[sufiks]
acento (m)	uzsvars (v)	[uzsvars]
apóstrofo (m)	apostrofs (v)	[apɔstrɔfs]
ponto (m)	punkts (v)	[punkts]
vírgula (f)	komats (v)	[kɔmats]
ponto e vírgula (m)	semikols (v)	[semikɔls]
dois pontos (m pl)	kols (v)	[kɔls]
reticências (f pl)	daudzpunkte (s)	[daudzpunkte]
ponto (m) de interrogação	jautājuma zīme (s)	[jautaːjuma ziːme]
ponto (m) de exclamação	izsaukuma zīme (s)	[izsaukuma ziːme]

aspas (f pl)	pēdiņas (s dsk)	[pe:diɲas]
entre aspas	pēdiņās	[pe:diɲa:s]
parênteses (m pl)	iekavas (s dsk)	[iɛkavas]
entre parênteses	iekavās	[iɛkava:s]
hífen (m)	defise (s)	[defise]
travessão (m)	domuzīme (s)	[dɔmuzi:me]
espaço (m)	atstarpe (s)	[atstarpe]
letra (f)	burts (v)	[burts]
letra (f) maiúscula	lielais burts (v)	[liɛlais burts]
vogal (f)	patskanis (v)	[patskanis]
consoante (f)	līdzskanis (v)	[li:dzskanis]
frase (f)	teikums (v)	[tɛikums]
sujeito (m)	teikuma priekšmets (v)	[tɛikuma priɛkʃmets]
predicado (m)	izteicējs (v)	[iztɛitse:js]
linha (f)	rinda (s)	[rinda]
em uma nova linha	ar jaunu rindu	[ar jaunu rindu]
parágrafo (m)	rindkopa (s)	[rindkɔpa]
palavra (f)	vārds (v)	[va:rds]
grupo (m) de palavras	vārdkopa (s)	[va:rdkɔpa]
expressão (f)	izteiciens (v)	[iztɛitsiɛns]
sinónimo (m)	sinonīms (v)	[sinɔni:ms]
antónimo (m)	antonīms (v)	[antɔni:ms]
regra (f)	likums (v)	[likums]
exceção (f)	izņēmums (v)	[izɲɛ:mums]
correto	pareizs	[parɛizs]
conjugação (f)	konjugācija (s)	[kɔnjuga:tsija]
declinação (f)	deklinācija (s)	[deklina:tsija]
caso (m)	locījums (v)	[lɔtsi:jums]
pergunta (f)	jautājums (v)	[jauta:jums]
sublinhar (vt)	pasvītrot	[pasvi:trɔt]
linha (f) pontilhada	punktēta līnija (s)	[punktɛ:ta li:nija]

98. Línguas estrangeiras

língua (f)	valoda (s)	[valɔda]
estrangeiro	svešs	[sveʃs]
língua (f) estrangeira	svešvaloda (s)	[sveʃvalɔda]
estudar (vt)	pētīt	[pe:ti:t]
aprender (vt)	mācīties	[ma:tsi:tiɛs]
ler (vt)	lasīt	[lasi:t]
falar (vi)	runāt	[runa:t]
compreender (vt)	saprast	[saprast]
escrever (vt)	rakstīt	[raksti:t]
rapidamente	ātri	[a:tri]
devagar	lēni	[le:ni]

fluentemente	brīvi	[bri:vi]
regras (f pl)	noteikumi (v dsk)	[notɛikumi]
gramática (f)	gramatika (s)	[gramatika]
vocabulário (m)	leksika (s)	[leksika]
fonética (f)	fonētika (s)	[fɔne:tika]

manual (m) escolar	mācību grāmata (s)	[ma:tsi:bu gra:mata]
dicionário (m)	vārdnīca (s)	[va:rdni:tsa]
manual (m) de autoaprendizagem	pašmācības grāmata (s)	[paʃma:tsi:bas gra:mata]
guia (m) de conversação	sarunvārdnīca (s)	[sarunva:rdni:tsa]

cassete (f)	kasete (s)	[kasɛte]
vídeo cassete (m)	videokasete (s)	[videɔkasɛte]
CD (m)	kompaktdisks (v)	[kɔmpaktdisks]
DVD (m)	DVD (v)	[dvd]

alfabeto (m)	alfabēts (v)	[alfabe:ts]
soletrar (vt)	izrunāt pa burtiem	[izruna:t pa burtiɛm]
pronúncia (f)	izruna (s)	[izruna]

sotaque (m)	akcents (v)	[aktsents]
com sotaque	ar akcentu	[ar aktsentu]
sem sotaque	bez akcenta	[bez aktsenta]

| palavra (f) | vārds (v) | [va:rds] |
| sentido (m) | nozīme (s) | [nɔzi:me] |

cursos (m pl)	kursi (v dsk)	[kursi]
inscrever-se (vr)	pierakstīties	[piɛraksti:tiɛs]
professor (m)	pasniedzējs (v)	[pasniɛdze:js]

tradução (processo)	tulkošana (s)	[tulkɔʃana]
tradução (texto)	tulkojums (v)	[tulkɔjums]
tradutor (m)	tulks (v)	[tulks]
intérprete (m)	tulks (v)	[tulks]

| poliglota (m) | poliglots (v) | [pɔliglɔts] |
| memória (f) | atmiņa (s) | [atmiɲa] |

Descanso. Entretenimento. Viagens

99. Viagens

turismo (m)	tūrisms (v)	[tu:risms]
turista (m)	tūrists (v)	[tu:rists]
viagem (f)	ceļojums (v)	[tselʲɔjums]
aventura (f)	piedzīvojums (v)	[piɛdzi:vɔjums]
viagem (f)	brauciens (v)	[brautsiɛns]
férias (f pl)	atvaļinājums (v)	[atvalʲina:jums]
estar de férias	būt atvaļinājumā	[bu:t atvalʲina:juma:]
descanso (m)	atpūta (s)	[atpu:ta]
comboio (m)	vilciens (v)	[viltsiɛns]
de comboio (chegar ~)	ar vilcienu	[ar viltsiɛnu]
avião (m)	lidmašīna (s)	[lidmaʃi:na]
de avião	ar lidmašīnu	[ar lidmaʃi:nu]
de carro	ar automobili	[ar autɔmɔbili]
de navio	ar kuģi	[ar kudʲi]
bagagem (f)	bagāža (s)	[baga:ʒa]
mala (f)	čemodāns (v)	[tʃemɔda:ns]
carrinho (m)	bagāžas ratiņi (v dsk)	[baga:ʒas ratiɲi]
passaporte (m)	pase (s)	[pase]
visto (m)	vīza (s)	[vi:za]
bilhete (m)	biļete (s)	[bilʲɛte]
bilhete (m) de avião	aviobiļete (s)	[aviɔbilʲɛte]
guia (m) de viagem	ceļvedis (v)	[tselʲvedis]
mapa (m)	karte (s)	[karte]
local (m), area (f)	apvidus (v)	[apvidus]
lugar, sítio (m)	vieta (s)	[viɛta]
exotismo (m)	eksotika (s)	[eksɔtika]
exótico	eksotisks	[eksɔtisks]
surpreendente	apbrīnojams	[apbri:nɔjams]
grupo (m)	grupa (s)	[grupa]
excursão (f)	ekskursija (s)	[ekskursija]
guia (m)	gids (v)	[gids]

100. Hotel

hotel (m), pensão (f)	viesnīca (s)	[viɛsni:tsa]
motel (m)	motelis (v)	[mɔtelis]
três estrelas	trīszvaigžņu	[tri:szvaigʒɲu]

cinco estrelas	pieczvaigžņu	[piɛtszvaigʒɳu]
ficar (~ num hotel)	apmesties	[apmestiɛs]
quarto (m)	numurs (v)	[numurs]
quarto (m) individual	vienvietīgs numurs (v)	[viɛnviɛtiːgs numurs]
quarto (m) duplo	divvietīgs numurs (v)	[divviɛtiːgs numurs]
reservar um quarto	rezervēt numuru	[rɛzerveːt numuru]
meia pensão (f)	pus pansija (s)	[pus pansija]
pensão (f) completa	pilna pansija (s)	[pilna pansija]
com banheira	ar vannu	[ar vannu]
com duche	ar dušu	[ar duʃu]
televisão (m) satélite	satelīta televīzija (s)	[sateliːta tɛleviːzija]
ar (m) condicionado	kondicionētājs (v)	[kɔnditsionɛːtaːjs]
toalha (f)	dvielis (v)	[dviɛlis]
chave (f)	atslēga (s)	[atslɛːga]
administrador (m)	administrators (v)	[administratɔrs]
camareira (f)	istabene (s)	[istabɛne]
bagageiro (m)	nesējs (v)	[nɛseːjs]
porteiro (m)	portjē (v)	[pɔrtjeː]
restaurante (m)	restorāns (v)	[restɔraːns]
bar (m)	bārs (v)	[baːrs]
pequeno-almoço (m)	brokastis (s dsk)	[brɔkastis]
jantar (m)	vakariņas (s dsk)	[vakariɳas]
buffet (m)	zviedru galds (v)	[zviɛdru galds]
hall (m) de entrada	vestibils (v)	[vestibils]
elevador (m)	lifts (v)	[lifts]
NÃO PERTURBE	NETRAUCĒT	[netrautseːt]
PROIBIDO FUMAR!	SMĒĶĒT AIZLIEGTS!	[smɛːtʲeːt aizliɛgts!]

EQUIPAMENTO TÉCNICO. TRANSPORTES

Equipamento técnico. Transportes

101. Computador

computador (m)	dators (v)	[datɔrs]
portátil (m)	portatīvais dators (v)	[pɔrtatiːvais datɔrs]
ligar (vt)	ieslēgt	[iɛsleːgt]
desligar (vt)	izslēgt	[izsleːgt]
teclado (m)	tastatūra (s)	[tastatuːra]
tecla (f)	taustiņš (v)	[taustiɲʃ]
rato (m)	pele (s)	[pɛle]
tapete (m) de rato	paliktnis (v)	[paliktnis]
botão (m)	poga (s)	[pɔga]
cursor (m)	kursors (v)	[kursɔrs]
monitor (m)	monitors (v)	[mɔnitɔrs]
ecrã (m)	ekrāns (v)	[ekraːns]
disco (m) rígido	cietais disks (v)	[tsiɛtais disks]
capacidade (f) do disco rígido	cieta diska apjoms (v)	[tsiɛta diska apjɔms]
memória (f)	atmiņa (s)	[atmiɲa]
memória RAM (f)	operatīvā atmiņa (s)	[ɔpɛratiːvaː atmiɲa]
ficheiro (m)	datne (s)	[datne]
pasta (f)	mape (s)	[mape]
abrir (vt)	atvērt	[atveːrt]
fechar (vt)	aizvērt	[aizveːrt]
guardar (vt)	saglabāt	[saglabaːt]
apagar, eliminar (vt)	izdzēst	[izdzeːst]
copiar (vt)	nokopēt	[nɔkɔpeːt]
ordenar (vt)	šķirot	[ʃcirɔt]
copiar (vt)	pārrakstīt	[paːrraksti:t]
programa (m)	programma (s)	[prɔgramma]
software (m)	programmatūra (s)	[prɔgrammatuːra]
programador (m)	programmētājs (v)	[prɔgrammɛːtaːjs]
programar (vt)	programmēt	[prɔgrammeːt]
hacker (m)	hakeris (v)	[xakeris]
senha (f)	parole (s)	[parɔle]
vírus (m)	vīruss (v)	[viːrus]
detetar (vt)	atrast, uziet	[atrast], [uziɛt]
byte (m)	baits (v)	[baits]

megabyte (m)	megabaits (v)	[mɛgabaits]
dados (m pl)	dati (v dsk)	[dati]
base (f) de dados	datu bāze (s)	[datu baːze]
cabo (m)	kabelis (v)	[kabelis]
desconectar (vt)	atvienot	[atviɛnɔt]
conetar (vt)	pievienot	[piɛviɛnɔt]

102. Internet. E-mail

internet (f)	internets (v)	[internets]
browser (m)	pārlūka programma (s)	[paːrluːka prɔgramma]
motor (m) de busca	meklēšanas resurss (v)	[mekleːʃanas rɛsurs]
provedor (m)	provaiders (v)	[prɔvaidɛrs]
webmaster (m)	tīmekļa meistars (v)	[tiːmeklʲa mɛistars]
website, sítio web (m)	saits (v)	[saits]
página (f) web	tīmekļa lappuse (s)	[tiːmeklʲa lappuse]
endereço (m)	adrese (s)	[adrɛse]
livro (m) de endereços	adrešu grāmata (s)	[adreʃu graːmata]
caixa (f) de correio	pastkastīte (s)	[pastkastiːte]
correio (m)	pasts (v)	[pasts]
cheia (caixa de correio)	pārpildīts	[paːrpildiːts]
mensagem (f)	ziņojums (v)	[ziɲɔjums]
mensagens (f pl) recebidas	ienākošie ziņojumi (v dsk)	[iɛnaːkɔʃiɛ ziɲɔjumi]
mensagens (f pl) enviadas	aizsūtītie ziņojumi (v dsk)	[aizsuːtiːtiɛ ziɲɔjumi]
remetente (m)	sūtītājs (v)	[suːtiːtaːjs]
enviar (vt)	nosūtīt	[nɔsuːtiːt]
envio (m)	aizsūtīšana (s)	[aizsuːtiːʃana]
destinatário (m)	saņēmējs (v)	[saɲɛːmeːjs]
receber (vt)	saņemt	[saɲemt]
correspondência (f)	sarakste (s)	[sarakste]
corresponder-se (vr)	sarakstīties	[sarakstiːtiɛs]
ficheiro (m)	datne (s)	[datne]
fazer download, baixar	novilkt	[nɔvilkt]
criar (vt)	izveidot	[izvɛidɔt]
apagar, eliminar (vt)	izdzēst	[izdzeːst]
eliminado	izdzēstais	[izdzeːstais]
conexão (f)	sakars (v)	[sakars]
velocidade (f)	ātrums (v)	[aːtrums]
modem (m)	modems (v)	[mɔdems]
acesso (m)	pieeja (s)	[piɛeja]
porta (f)	pieslēgvieta (s)	[piɛsleːgviɛta]
conexão (f)	pieslēgšana (s)	[piɛsleːgʃana]
conetar (vi)	pieslēgties	[piɛsleːgtiɛs]

escolher (vt)	izvēlēties	[izvɛ:le:tiɛs]
buscar (vt)	meklēt ...	[mekle:t ...]

103. Eletricidade

eletricidade (f)	elektrība (s)	[ɛlektri:ba]
elétrico	elektrisks	[ɛlektrisks]
central (f) elétrica	elektrostacija (s)	[ɛlektrɔstatsija]
energia (f)	enerģija (s)	[ɛnerdʲija]
energia (f) elétrica	elektroenerģija (s)	[ɛlektrɔɛnerdʲija]
lâmpada (f)	spuldze (s)	[spuldze]
lanterna (f)	lukturītis (v)	[lukturi:tis]
poste (m) de iluminação	laterna (s)	[laterna]
luz (f)	gaisma (s)	[gaisma]
ligar (vt)	ieslēgt	[iɛsle:gt]
desligar (vt)	izslēgt	[izsle:gt]
apagar a luz	izslēgt gaismu	[izsle:gt gaismu]
fundir (vi)	izdegt	[izdegt]
curto-circuito (m)	īssavienojums (v)	[i:saviɛnɔjums]
rutura (f)	pārtrūkums (v)	[pa:rtru:kums]
contacto (m)	kontakts (v)	[kɔntakts]
interruptor (m)	slēdzis (v)	[sle:dzis]
tomada (f)	rozete (s)	[rɔzɛte]
ficha (f)	dakša (s)	[dakʃa]
extensão (f)	pagarinātājs (v)	[pagarina:ta:js]
fusível (m)	drošinātājs (v)	[drɔʃina:ta:js]
fio, cabo (m)	vads (v)	[vads]
instalação (f) elétrica	instalācija (s)	[instala:tsija]
ampere (m)	ampērs (v)	[ampɛ:rs]
amperagem (f)	strāvas stiprums (v)	[stra:vas stiprums]
volt (m)	volts (v)	[vɔlts]
voltagem (f)	spriegums (v)	[spriɛgums]
aparelho (m) elétrico	elektriskais aparāts (v)	[ɛlektriskais apara:ts]
indicador (m)	indikators (v)	[indikatɔrs]
eletricista (m)	elektriķis (v)	[ɛlektritʲis]
soldar (vt)	lodēt	[lɔde:t]
ferro (m) de soldar	lodāmurs (v)	[lɔda:murs]
corrente (f) elétrica	strāva (s)	[stra:va]

104. Ferramentas

ferramenta (f)	instruments (v)	[instruments]
ferramentas (f pl)	instrumenti (v dsk)	[instrumenti]
equipamento (m)	ierīce (s)	[iɛri:tse]

martelo (m)	āmurs (v)	[a:murs]
chave (f) de fendas	skrūvgriezis (v)	[skru:vgriɛzis]
machado (m)	cirvis (v)	[tsirvis]

serra (f)	zāģis (v)	[za:dʲis]
serrar (vt)	zāģēt	[za:dʲe:t]
plaina (f)	ēvele (s)	[ɛ:vɛle]
aplainar (vt)	ēvelēt	[ɛ:vɛle:t]
ferro (m) de soldar	lodāmurs (v)	[lɔda:murs]
soldar (vt)	lodēt	[lɔde:t]

lima (f)	vīle (s)	[vi:le]
tenaz (f)	knaibles (s dsk)	[knaibles]
alicate (m)	platknaibles (s dsk)	[platknaibles]
formão (m)	kalts (v)	[kalts]

broca (f)	urbis (v)	[urbis]
berbequim (f)	elektriskais urbis (v)	[ɛlektriskais urbis]
furar (vt)	urbt	[urbt]

faca (f)	nazis (v)	[nazis]
lâmina (f)	asmens (v)	[asmens]

afiado	ass	[as]
cego	truls	[truls]
embotar-se (vr)	notrulināties	[nɔtrulina:tiɛs]
afiar, amolar (vt)	asināt	[asina:t]

parafuso (m)	skrūve (s)	[skru:ve]
porca (f)	uzgrieznis (v)	[uzgriɛznis]
rosca (f)	vītne (s)	[vi:tne]
parafuso (m) para madeira	kokskrūve (s)	[kɔkskru:ve]

prego (m)	nagla (s)	[nagla]
cabeça (f) do prego	galviņa (s)	[galviɲa]

régua (f)	lineāls (v)	[linea:ls]
fita (f) métrica	mērlente (s)	[me:rlente]
nível (m)	līmeņrādis (v)	[li:meɲra:dis]
lupa (f)	lupa (s)	[lupa]

medidor (m)	mērierīce (s)	[me:riɛri:tse]
medir (vt)	mērīt	[me:ri:t]
escala (f)	skala (s)	[skala]
indicação (f), registo (m)	rādījums (v)	[ra:di:jums]

compressor (m)	kompresors (v)	[kɔmpresɔrs]
microscópio (m)	mikroskops (v)	[mikrɔskɔps]

bomba (f)	sūknis (v)	[su:knis]
robô (m)	robots (v)	[rɔbɔts]
laser (m)	lāzers (v)	[la:zɛrs]

chave (f) de boca	uzgriežņu atslēga (s)	[uzgriɛʒɲu atslɛ:ga]
fita (f) adesiva	līmlenta (s)	[li:mlenta]
cola (f)	līme (s)	[li:me]

lixa (f)	smilšpapīrs (v)	[smilʃpapi:rs]
mola (f)	atspere (s)	[atspɛre]
íman (m)	magnēts (v)	[magne:ts]
luvas (f pl)	cimdi (v dsk)	[tsimdi]
corda (f)	virve (s)	[virve]
cordel (m)	aukla (s)	[aukla]
fio (m)	vads (v)	[vads]
cabo (m)	kabelis (v)	[kabelis]
marreta (f)	uzsitējveseris (v)	[uzsite:jvɛseris]
pé de cabra (m)	lauznis (v)	[lauznis]
escada (f) de mão	kāpnes (s dsk)	[ka:pnes]
escadote (m)	sastatņu kāpnes (s dsk)	[sastatɲu ka:pnes]
enroscar (vt)	aizgriezt	[aizgriɛzt]
desenroscar (vt)	atgriezt	[atgriɛzt]
apertar (vt)	aizspiest	[aizspiɛst]
colar (vt)	pielīmēt	[piɛli:me:t]
cortar (vt)	griezt	[griɛzt]
falha (mau funcionamento)	bojājums (v)	[bɔja:jums]
conserto (m)	labošana (s)	[labɔʃana]
consertar, reparar (vt)	remontēt	[remɔnte:t]
regular, ajustar (vt)	regulēt	[rɛgule:t]
verificar (vt)	pārbaudīt	[pa:rbaudi:t]
verificação (f)	pārbaudīšana (s)	[pa:rbaudi:ʃana]
indicação (f), registo (m)	rādījums (v)	[ra:di:jums]
seguro	drošs	[drɔʃs]
complicado	sarežģīts	[sarɛʒdʲi:ts]
enferrujar (vi)	rūsēt	[ru:se:t]
enferrujado	sarūsējis	[saru:se:jis]
ferrugem (f)	rūsa (s)	[ru:sa]

Transportes

105. Avião

avião (m)	lidmašīna (s)	[lidmaʃi:na]
bilhete (m) de avião	aviobiļete (s)	[aviobilʲɛte]
companhia (f) aérea	aviokompānija (s)	[aviɔkɔmpa:nija]
aeroporto (m)	lidosta (s)	[lidɔsta]
supersónico	virsskaņas	[virskaɲas]
comandante (m) do avião	kuģa komandieris (v)	[kudʲa kɔmandiɛris]
tripulação (f)	apkalpe (s)	[apkalpe]
piloto (m)	pilots (v)	[pilɔts]
hospedeira (f) de bordo	stjuarte (s)	[stjuarte]
copiloto (m)	stūrmanis (v)	[stu:rmanis]
asas (f pl)	spārni (v dsk)	[spa:rni]
cauda (f)	aste (s)	[aste]
cabine (f) de pilotagem	kabīne (s)	[kabi:ne]
motor (m)	dzinējs (v)	[dzine:js]
trem (m) de aterragem	šasija (s)	[ʃasija]
turbina (f)	turbīna (s)	[turbi:na]
hélice (f)	propelleris (v)	[prɔpelleris]
caixa-preta (f)	melnā kaste (s)	[melna: kaste]
coluna (f) de controlo	stūres rats (v)	[stu:res rats]
combustível (m)	degviela (s)	[degviɛla]
instruções (f pl) de segurança	instrukcija (s)	[instruktsija]
máscara (f) de oxigénio	skābekļa maska (s)	[ska:beklʲa maska]
uniforme (m)	uniforma (s)	[uniforma]
colete (m) salva-vidas	glābšanas veste (s)	[gla:bʃanas veste]
paraquedas (m)	izpletnis (v)	[izpletnis]
descolagem (f)	pacelšanās (s dsk)	[patselʃana:s]
descolar (vi)	pacelties	[patseltiɛs]
pista (f) de descolagem	skrejceļš (v)	[skrejtselʲʃ]
visibilidade (f)	redzamība (s)	[redzami:ba]
voo (m)	lidojums (v)	[lidɔjums]
altura (f)	augstums (v)	[augstums]
poço (m) de ar	gaisa bedre (s)	[gaisa bedre]
assento (m)	sēdeklis (v)	[sɛ:deklis]
auscultadores (m pl)	austiņas (s dsk)	[austiɲas]
mesa (f) rebatível	galdiņš (v)	[galdiɲʃ]
vigia (f)	iluminators (v)	[iluminatɔrs]
passagem (f)	eja (s)	[eja]

106. Comboio

comboio (m)	vilciens (v)	[viltsiɛns]
comboio (m) suburbano	elektrovilciens (v)	[ɛlektroviltsiɛns]
comboio (m) rápido	ātrvilciens (v)	[a:trviltsiɛns]
locomotiva (f) diesel	dīzeļlokomotīve (s)	[di:zelʲlokomoti:ve]
locomotiva (f) a vapor	lokomotīve (s)	[lokomoti:ve]
carruagem (f)	vagons (v)	[vagons]
carruagem restaurante (f)	restorānvagons (v)	[restora:nvagons]
carris (m pl)	sliedes (s dsk)	[sliɛdes]
caminho de ferro (m)	dzelzceļš (v)	[dzelztselʲʃ]
travessa (f)	gulsnis (v)	[gulsnis]
plataforma (f)	platforma (s)	[platforma]
linha (f)	ceļš (v)	[tselʲʃ]
semáforo (m)	semafors (v)	[sɛmafors]
estação (f)	stacija (s)	[statsija]
maquinista (m)	mašīnists (v)	[maʃi:nists]
bagageiro (m)	nesējs (v)	[nɛse:js]
hospedeiro, -a (da carruagem)	pavadonis (v)	[pavadonis]
passageiro (m)	pasažieris (v)	[pasaʒiɛris]
revisor (m)	kontrolieris (v)	[kontroliɛris]
corredor (m)	koridors (v)	[koridors]
freio (m) de emergência	stop-krāns (v)	[stop-kra:ns]
compartimento (m)	kupeja (s)	[kupeja]
cama (f)	plaukts (v)	[plaukts]
cama (f) de cima	augšējais plaukts (v)	[augʃe:jais plaukts]
cama (f) de baixo	apakšējais plaukts (v)	[apakʃe:jais plaukts]
roupa (f) de cama	gultas veļa (s)	[gultas vɛlʲa]
bilhete (m)	biļete (s)	[bilʲɛte]
horário (m)	saraksts (v)	[saraksts]
painel (m) de informação	tablo (v)	[tablo]
partir (vt)	atiet	[atiɛt]
partida (f)	atiešana (s)	[atiɛʃana]
chegar (vi)	ierasties	[iɛrastiɛs]
chegada (f)	pienākšana (s)	[piɛna:kʃana]
chegar de comboio	atbraukt ar vilcienu	[atbraukt ar viltsiɛnu]
apanhar o comboio	iekāpt vilcienā	[iɛka:pt viltsiɛna:]
sair do comboio	izkāpt no vilciena	[izka:pt no viltsiɛna]
acidente (m) ferroviário	katastrofa (s)	[katastrofa]
descarrilar (vi)	noskriet no sliedēm	[noskriɛt no sliɛde:m]
locomotiva (f) a vapor	lokomotīve (s)	[lokomoti:ve]
fogueiro (m)	kurinātājs (v)	[kurina:ta:js]
fornalha (f)	kurtuve (s)	[kurtuve]
carvão (m)	ogles (s dsk)	[ogles]

107. Barco

navio (m)	kuģis (v)	[kudʲis]
embarcação (f)	kuģis (v)	[kudʲis]
vapor (m)	tvaikonis (v)	[tvaikɔnis]
navio (m)	motorkuģis (v)	[mɔtɔrkudʲis]
transatlântico (m)	laineris (v)	[laineris]
cruzador (m)	kreiseris (v)	[krɛiseris]
iate (m)	jahta (s)	[jaxta]
rebocador (m)	velkonis (v)	[velkɔnis]
barcaça (f)	barža (s)	[barʒa]
ferry (m)	prāmis (v)	[praːmis]
veleiro (m)	burinieks (v)	[buriniɛks]
bergantim (m)	brigantīna (s)	[brigantiːna]
quebra-gelo (m)	ledlauzis (v)	[ledlauzis]
submarino (m)	zemūdene (s)	[zɛmuːdɛne]
bote, barco (m)	laiva (s)	[laiva]
bote, dingue (m)	laiva (s)	[laiva]
bote (m) salva-vidas	glābšanas laiva (s)	[glaːbʃanas laiva]
lancha (f)	kuteris (v)	[kuteris]
capitão (m)	kapteinis (v)	[kaptɛinis]
marinheiro (m)	matrozis (v)	[matrɔzis]
marujo (m)	jūrnieks (v)	[juːrniɛks]
tripulação (f)	apkalpe (s)	[apkalpe]
contramestre (m)	bocmanis (v)	[bɔtsmanis]
grumete (m)	junga (v)	[juŋga]
cozinheiro (m) de bordo	kuģa pavārs (v)	[kudʲa pavaːrs]
médico (m) de bordo	kuģa ārsts (v)	[kudʲa aːrsts]
convés (m)	klājs (v)	[klaːjs]
mastro (m)	masts (v)	[masts]
vela (f)	bura (s)	[bura]
porão (m)	tilpne (s)	[tilpne]
proa (f)	priekšgals (v)	[priɛkʃgals]
popa (f)	pakaļgals (v)	[pakalʲgals]
remo (m)	airis (v)	[airis]
hélice (f)	dzenskrūve (s)	[dzenskruːve]
camarote (m)	kajīte (s)	[kajiːte]
sala (f) dos oficiais	kopkajīte (s)	[kɔpkajiːte]
sala (f) das máquinas	mašīnu nodaļa (s)	[maʃiːnu nɔdalʲa]
ponte (m) de comando	komandtiltiņš (v)	[kɔmandtiltiɲʃ]
sala (f) de comunicações	radio telpa (s)	[radiɔ telpa]
onda (f) de rádio	vilnis (v)	[vilnis]
diário (m) de bordo	kuģa žurnāls (v)	[kudʲa ʒurnaːls]
luneta (f)	tālskatis (v)	[taːlskatis]
sino (m)	zvans (v)	[zvans]

bandeira (f)	karogs (v)	[karɔgs]
cabo (m)	tauva (s)	[tauva]
nó (m)	mezgls (v)	[mezgls]
corrimão (m)	rokturis (v)	[rɔkturis]
prancha (f) de embarque	traps (v)	[traps]
âncora (f)	enkurs (v)	[enkurs]
recolher a âncora	pacelt enkuru	[patselt enkuru]
lançar a âncora	izmest enkuru	[izmest enkuru]
amarra (f)	enkurķēde (s)	[enkurtʲɛ:de]
porto (m)	osta (s)	[ɔsta]
cais, amarradouro (m)	piestātne (s)	[piɛsta:tne]
atracar (vi)	pietauvot	[piɛtauvɔt]
desatracar (vi)	atiet no krasta	[atiɛt nɔ krasta]
viagem (f)	ceļojums (v)	[tselʲɔjums]
cruzeiro (m)	kruīzs (v)	[krui:zs]
rumo (m), rota (f)	kurss (v)	[kurs]
itinerário (m)	maršruts (v)	[marʃruts]
canal (m) navegável	kuģu ceļš (v)	[kudʲu tselʲʃ]
banco (m) de areia	sēklis (v)	[se:klis]
encalhar (vt)	uzsēsties uz sēkļa	[uzse:sties uz se:klʲa]
tempestade (f)	vētra (s)	[ve:tra]
sinal (m)	signāls (v)	[signa:ls]
afundar-se (vr)	grimt	[grimt]
Homem ao mar!	Cilvēks aiz borta!	[tsilve:ks aiz bɔrta!]
SOS	SOS	[sɔs]
boia (f) salva-vidas	glābšanas riņķis (v)	[gla:bʃanas riɲtʲis]

108. Aeroporto

aeroporto (m)	lidosta (s)	[lidɔsta]
avião (m)	lidmašīna (s)	[lidmaʃi:na]
companhia (f) aérea	aviokompānija (s)	[aviɔkɔmpa:nija]
controlador (m) de tráfego aéreo	dispečers (v)	[dispetʃɛrs]
partida (f)	izlidojums (v)	[izlidɔjums]
chegada (f)	atlidošana (s)	[atlidɔʃana]
chegar (~ de avião)	atlidot	[atlidɔt]
hora (f) de partida	izlidojuma laiks (v)	[izlidɔjuma laiks]
hora (f) de chegada	atlidošanās laiks (v)	[atlidɔʃana:s laiks]
estar atrasado	kavēties	[kave:tiɛs]
atraso (m) de voo	izlidojuma aizkavēšanās (s dsk)	[izlidɔjuma aizkave:ʃana:s]
painel (m) de informação	informācijas tablo (v)	[infɔrma:tsijas tablɔ]
informação (f)	informācija (s)	[infɔrma:tsija]

anunciar (vt)	paziņot	[paziɲɔt]
voo (m)	reiss (v)	[rɛis]

alfândega (f)	muita (s)	[muita]
funcionário (m) da alfândega	muitas ierēdnis (v)	[muitas iɛre:dnis]

declaração (f) alfandegária	muitas deklerācija (s)	[muitas deklɛra:tsija]
preencher (vt)	aizpildīt	[aizpildi:t]
preencher a declaração	aizpildīt deklarāciju	[aizpildi:t deklara:tsiju]
controlo (m) de passaportes	pasu kontrole (s)	[pasu kɔntrɔle]

bagagem (f)	bagāža (s)	[baga:ʒa]
bagagem (f) de mão	rokas bagāža (s)	[rɔkas baga:ʒa]
carrinho (m)	bagāžas ratiņi (v dsk)	[baga:ʒas ratiɲi]

aterragem (f)	nolaišanās (s dsk)	[nɔlaiʃana:s]
pista (f) de aterragem	nosēšanās josla (s)	[nɔse:ʃana:s jɔsla]
aterrar (vi)	nosēsties	[nɔse:stiɛs]
escada (f) de avião	traps (v)	[traps]

check-in (m)	reģistrācija (s)	[redʲistra:tsija]
balcão (m) do check-in	reģistrācijas galdiņš (v)	[redʲistra:tsijas galdiɲʃ]
fazer o check-in	piereģistrēties	[piɛredʲistre:tiɛs]
cartão (m) de embarque	iekāpšanas talons (v)	[iɛka:pʃanas talɔns]
porta (f) de embarque	izeja (s)	[izeja]

trânsito (m)	tranzīts (v)	[tranzi:ts]
esperar (vi, vt)	gaidīt	[gaidi:t]
sala (f) de espera	uzgaidāmā telpa (s)	[uzgaida:ma: telpa]
despedir-se de ...	aizvadīt	[aizvadi:t]
despedir-se (vr)	atvadīties	[atvadi:tiɛs]

Eventos

109. Férias. Evento

festa (f)	svētki (v dsk)	[sve:tki]
festa (f) nacional	tautas svētki (v dsk)	[tautas sve:tki]
feriado (m)	svētku diena (s)	[sve:tku diɛna]
festejar (vt)	svinēt	[svine:t]
evento (festa, etc.)	notikums (v)	[nɔtikums]
evento (banquete, etc.)	pasākums (v)	[pasa:kums]
banquete (m)	bankets (v)	[bankets]
receção (f)	pieņemšana (s)	[piɛɲemʃana]
festim (m)	mielasts (v)	[miɛlasts]
aniversário (m)	gadadiena (s)	[gadadiɛna]
jubileu (m)	jubileja (s)	[jubileja]
celebrar (vt)	atzīmēt	[atzi:me:t]
Ano (m) Novo	Jaungads (v)	[jauŋgads]
Feliz Ano Novo!	Laimīgu Jauno gadu!	[laimi:gu jaunɔ gadu!]
Natal (m)	Ziemassvētki (v dsk)	[ziɛmasve:tki]
Feliz Natal!	Priecīgus Ziemassvētkus!	[priɛtsi:gus ziɛmasve:tkus!]
árvore (f) de Natal	Ziemassvētku eglīte (s)	[ziɛmasve:tku egli:te]
fogo (m) de artifício	salūts (v)	[salu:ts]
boda (f)	kāzas (s dsk)	[ka:zas]
noivo (m)	līgavainis (v)	[li:gavainis]
noiva (f)	līgava (s)	[li:gava]
convidar (vt)	ielūgt	[iɛlu:gt]
convite (m)	ielūgums (v)	[iɛlu:gums]
convidado (m)	viesis (v)	[viɛsis]
visitar (vt)	iet ciemos	[iɛt tsiɛmɔs]
receber os hóspedes	sagaidīt viesus	[sagaidi:t viɛsus]
presente (m)	dāvana (s)	[da:vana]
oferecer (vt)	dāvināt	[da:vina:t]
receber presentes	saņemt dāvanu	[saɲemt da:vanu]
ramo (m) de flores	ziedu pušķis (v)	[ziɛdu puʃtʲis]
felicitações (f pl)	apsveikums (v)	[apsvɛikums]
felicitar (dar os parabéns)	apsveikt	[apsvɛikt]
cartão (m) de parabéns	apsveikuma atklātne (s)	[apsvɛikuma atkla:tne]
enviar um postal	nosūtīt atklātni	[nɔsu:ti:t atkla:tni]
receber um postal	saņemt atklātni	[saɲemt atkla:tni]
brinde (m)	tosts (v)	[tɔsts]

oferecer (vt)	uzcienāt	[uztsiɛna:t]
champanhe (m)	šampanietis (v)	[ʃampaniɛtis]
divertir-se (vr)	līksmot	[li:ksmɔt]
diversão (f)	jautrība (s)	[jautri:ba]
alegria (f)	prieks (v)	[priɛks]
dança (f)	deja (s)	[deja]
dançar (vi)	dejot	[dejɔt]
valsa (f)	valsis (v)	[valsis]
tango (m)	tango (v)	[taŋgɔ]

110. Funerais. Enterro

cemitério (m)	kapsēta (s)	[kapsɛ:ta]
sepultura (f), túmulo (m)	kaps (v)	[kaps]
cruz (f)	krusts (v)	[krusts]
lápide (f)	kapakmens (v)	[kapakmens]
cerca (f)	žogs (v)	[ʒɔgs]
capela (f)	kapela (s)	[kapɛla]
morte (f)	nāve (s)	[na:ve]
morrer (vi)	nomirt	[nɔmirt]
defunto (m)	nelaiķis (v)	[nɛlaitʲis]
luto (m)	sēras (s dsk)	[sɛ:ras]
enterrar, sepultar (vt)	apglabāt	[apglaba:t]
agência (f) funerária	apbedīšanas birojs (v)	[apbedi:ʃanas birɔjs]
funeral (m)	bēres (s dsk)	[bɛ:res]
coroa (f) de flores	vainags (v)	[vainags]
caixão (m)	zārks (v)	[za:rks]
carro (m) funerário	katafalks (v)	[katafalks]
mortalha (f)	līķauts (v)	[li:tʲauts]
procissão (f) funerária	bēru procesija (s)	[bɛ:ru prɔtsesija]
urna (f) funerária	urna (s)	[urna]
crematório (m)	krematorija (s)	[krɛmatɔrija]
obituário (m), necrologia (f)	nekrologs (v)	[nekrɔlɔgs]
chorar (vi)	raudāt	[rauda:t]
soluçar (vi)	skaļi raudāt	[skaļi rauda:t]

111. Guerra. Soldados

pelotão (m)	vads (v)	[vads]
companhia (f)	rota (s)	[rɔta]
regimento (m)	pulks (v)	[pulks]
exército (m)	armija (s)	[armija]
divisão (f)	divīzija (s)	[divi:zija]
destacamento (m)	vienība (s)	[viɛni:ba]

hoste (f)	karaspēks (v)	[karaspe:ks]
soldado (m)	karavīrs (v)	[karavi:rs]
oficial (m)	virsnieks (v)	[virsniɛks]
soldado (m) raso	ierindnieks (v)	[iɛrindniɛks]
sargento (m)	seržants (v)	[serʒants]
tenente (m)	leitnants (v)	[lɛitnants]
capitão (m)	kapteinis (v)	[kaptɛinis]
major (m)	majors (v)	[majɔrs]
coronel (m)	pulkvedis (v)	[pulkvedis]
general (m)	ģenerālis (v)	[dʲɛnɛra:lis]
marujo (m)	jūrnieks (v)	[ju:rniɛks]
capitão (m)	kapteinis (v)	[kaptɛinis]
contramestre (m)	bocmanis (v)	[bɔtsmanis]
artilheiro (m)	artilērists (v)	[artile:rists]
soldado (m) paraquedista	desantnieks (v)	[dɛsantniɛks]
piloto (m)	lidotājs (v)	[lidɔta:js]
navegador (m)	stūrmanis (v)	[stu:rmanis]
mecânico (m)	mehāniķis (v)	[mexa:nitʲis]
sapador (m)	sapieris (v)	[sapiɛris]
paraquedista (m)	izpletņa lēcējs (v)	[izpletɲa le:tse:js]
explorador (m)	izlūks (v)	[izlu:ks]
franco-atirador (m)	snaiperis (v)	[snaiperis]
patrulha (f)	patruļa (s)	[patrulʲa]
patrulhar (vt)	patrulēt	[patrule:t]
sentinela (f)	sargs (v)	[sargs]
guerreiro (m)	karavīrs (v)	[karavi:rs]
patriota (m)	patriots (v)	[patriɔts]
herói (m)	varonis (v)	[varɔnis]
heroína (f)	varone (s)	[varɔne]
traidor (m)	nodevējs (v)	[nɔdɛve:js]
trair (vt)	nodot	[nɔdɔt]
desertor (m)	dezertieris (v)	[dɛzertiɛris]
desertar (vt)	dezertēt	[dɛzerte:t]
mercenário (m)	algotnis (v)	[algɔtnis]
recruta (m)	jauniesauktais (v)	[jauniɛsauktais]
voluntário (m)	brīvprātīgais (v)	[bri:vpra:ti:gais]
morto (m)	bojā gājušais (v)	[bɔja: ga:juʃais]
ferido (m)	ievainotais (v)	[iɛvainɔtais]
prisioneiro (m) de guerra	gūsteknis (v)	[gu:steknis]

112. Guerra. Ações militares. Parte 1

guerra (f)	karš (v)	[karʃ]
guerrear (vt)	karot	[karɔt]
guerra (f) civil	pilsoņu karš (v)	[pilsɔɲu karʃ]

perfidamente	nodevīgi	[nɔdeviːgi]
declaração (f) de guerra	kara pieteikšana (s)	[kara piɛtɛikʃana]
declarar (vt) guerra	pieteikt karu	[piɛtɛikt karu]
agressão (f)	agresija (s)	[agresija]
atacar (vt)	uzbrukt	[uzbrukt]

invadir (vt)	iebrukt	[iɛbrukt]
invasor (m)	iebrucējs (v)	[iɛbrutseːjs]
conquistador (m)	iekarotājs (v)	[iɛkarɔtaːjs]

defesa (f)	aizsardzība (s)	[aizsardziːba]
defender (vt)	aizsargāt	[aizsargaːt]
defender-se (vr)	aizsargāties	[aizsargaːtiɛs]

inimigo (m)	ienaidnieks (v)	[iɛnaidniɛks]
adversário (m)	pretinieks (v)	[pretiniɛks]
inimigo	ienaidnieku	[iɛnaidniɛku]

| estratégia (f) | stratēģija (s) | [strateːdʲija] |
| tática (f) | taktika (s) | [taktika] |

ordem (f)	pavēle (s)	[pavɛːle]
comando (m)	komanda (s)	[kɔmanda]
ordenar (vt)	pavēlēt	[pavɛːleːt]
missão (f)	kara uzdevums (v)	[kara uzdɛvums]
secreto	slepens	[slɛpens]

| batalha (f) | kauja (s) | [kauja] |
| combate (m) | cīņa (s) | [tsiːɲa] |

ataque (m)	uzbrukums (v)	[uzbrukums]
assalto (m)	trieciens (v)	[triɛtsiɛns]
assaltar (vt)	doties triecienā	[dɔties triɛtsiɛnaː]
assédio, sítio (m)	aplenkums (v)	[aplenkums]

| ofensiva (f) | uzbrukums (v) | [uzbrukums] |
| passar à ofensiva | uzbrukt | [uzbrukt] |

| retirada (f) | atkāpšanās (s dsk) | [atkaːpʃanaːs] |
| retirar-se (vr) | atkāpties | [atkaːptiɛs] |

| cerco (m) | aplenkums (v) | [aplenkums] |
| cercar (vt) | aplenkt | [aplenkt] |

bombardeio (m)	bombardēšana (s)	[bɔmbardeːʃana]
lançar uma bomba	nomest bumbu	[nɔmest bumbu]
bombardear (vt)	bombardēt	[bɔmbardeːt]
explosão (f)	sprādziens (v)	[spraːdziɛns]

tiro (m)	šāviens (v)	[ʃaːviɛns]
disparar um tiro	izšaut	[izʃaut]
tiroteio (m)	šaušana (s)	[ʃauʃana]

apontar para ...	tēmēt uz ...	[tɛːmeːt uz ...]
apontar (vt)	tēmēt	[tɛːmeːt]
acertar (vt)	trāpīt	[traːpiːt]

afundar (um navio)	nogremdēt	[nɔgremde:t]
brecha (f)	caurums (v)	[tsaurums]
afundar-se (vr)	grimt dibenā	[grimt dibɛna:]
frente (m)	fronte (s)	[frɔnte]
evacuação (f)	evakuācija (s)	[ɛvakua:tsija]
evacuar (vt)	evakuēt	[ɛvakue:t]
trincheira (f)	tranšeja (s)	[tranʃeja]
arame (m) farpado	dzeloŋstieple (s)	[dzelɔŋstiɛple]
obstáculo (m) anticarro	nožogojums (v)	[nɔʒɔgɔjums]
torre (f) de vigia	tornis (v)	[tɔrnis]
hospital (m)	slimnīca (s)	[slimni:tsa]
ferir (vt)	ievainot	[iɛvainɔt]
ferida (f)	ievainojums (v)	[iɛvainɔjums]
ferido (m)	ievainotais (v)	[iɛvainɔtais]
ficar ferido	gūt ievainojumu	[gu:t iɛvainɔjumu]
grave (ferida ~)	smags ievainojums	[smags iɛvainɔjums]

113. Guerra. Ações militares. Parte 2

cativeiro (m)	gūsts (v)	[gu:sts]
capturar (vt)	saņemt gūstā	[saɲemt gu:sta:]
estar em cativeiro	būt gūstā	[bu:t gu:sta:]
ser aprisionado	nokļūt gūstā	[nɔklʲu:t gu:sta:]
campo (m) de concentração	koncentrācijas nometne (s)	[kɔntsentra:tsijas nɔmetne]
prisioneiro (m) de guerra	gūsteknis (v)	[gu:steknis]
escapar (vi)	izbēgt	[izbe:gt]
trair (vt)	nodot	[nɔdɔt]
traidor (m)	nodevējs (v)	[nɔdɛve:js]
traição (f)	nodevība (s)	[nɔdevi:ba]
fuzilar, executar (vt)	nošaut	[nɔʃaut]
fuzilamento (m)	nošaušana (s)	[nɔʃauʃana]
equipamento (m)	formas tērps (v)	[fɔrmas te:rps]
platina (f)	uzplecis (v)	[uzpletsis]
máscara (f) antigás	gāzmaska (s)	[ga:zmaska]
rádio (m)	rācija (s)	[ra:tsija]
cifra (f), código (m)	šifrs (v)	[ʃifrs]
conspiração (f)	konspirācija (s)	[kɔnspira:tsija]
senha (f)	parole (s)	[parɔle]
mina (f)	mīna (s)	[mi:na]
minar (vt)	nomīnēt	[nɔmi:ne:t]
campo (m) minado	mīnu lauks (v)	[mi:nu lauks]
alarme (m) aéreo	gaisa trauksme (s)	[gaisa trauksme]
alarme (m)	trauksmes signāls (v)	[trauksmes signa:ls]
sinal (m)	signāls (v)	[signa:ls]

sinalizador (m)	signālraķete (s)	[signa:lrat'ɛte]
estado-maior (m)	štābs (v)	[ʃta:bs]
reconhecimento (m)	izlūkdienests (v)	[izlu:gdiɛnests]
situação (f)	stāvoklis (v)	[sta:vɔklis]
relatório (m)	ziņojums (v)	[ziɲɔjums]
emboscada (f)	slēpnis (v)	[sle:pnis]
reforço (m)	papildspēki (v dsk)	[papildspe:ki]
alvo (m)	mērķis (v)	[me:rt'is]
campo (m) de tiro	poligons (v)	[pɔligɔns]
manobras (f pl)	manevri (v dsk)	[manevri]
pânico (m)	panika (s)	[panika]
devastação (f)	posti (v dsk)	[pɔsti]
ruínas (f pl)	postījumi (v dsk)	[pɔsti:jumi]
destruir (vt)	postīt	[pɔsti:t]
sobreviver (vi)	izdzīvot	[izdzi:vɔt]
desarmar (vt)	atbruņot	[atbruɲɔt]
manusear (vt)	apiešanās ar ieročiem	[apiɛʃana:s ar iɛrɔtʃiɛm]
Firmes!	Mierā!	[miɛra:!]
Descansar!	Brīvi!	[bri:vi!]
façanha (f)	varoņdarbs (v)	[varɔɲdarbs]
juramento (m)	zvērests (v)	[zvɛ:rests]
jurar (vi)	zvērēt	[zvɛ:re:t]
condecoração (f)	balva (s)	[balva]
condecorar (vt)	apbalvot	[apbalvɔt]
medalha (f)	medaļa (s)	[mɛdal'a]
ordem (f)	ordenis (v)	[ɔrdenis]
vitória (f)	uzvara (s)	[uzvara]
derrota (f)	sakāve (s)	[saka:ve]
armistício (m)	pamiers (v)	[pamiɛrs]
bandeira (f)	karogs (v)	[karɔgs]
glória (f)	slava (s)	[slava]
desfile (m) militar	parāde (s)	[para:de]
marchar (vi)	maršēt	[marʃe:t]

114. Armas

arma (f)	ieroči (v dsk)	[iɛrɔtʃi]
arma (f) de fogo	šaujamieroči (v dsk)	[ʃaujamiɛrɔtʃi]
arma (f) branca	aukstie ieroči (v dsk)	[aukstiɛ iɛrɔtʃi]
arma (f) química	ķīmiskie ieroči (v dsk)	[t'i:miskiɛ iɛrɔtʃi]
nuclear	kodolu	[kɔdɔlu]
arma (f) nuclear	kodolieroči (v dsk)	[kɔdɔliɛrɔtʃi]
bomba (f)	bumba (s)	[bumba]
bomba (f) atómica	atombumba (s)	[atɔmbumba]

pistola (f)	pistole (s)	[pistɔle]
caçadeira (f)	šautene (s)	[ʃautεne]
pistola-metralhadora (f)	automāts (v)	[autɔma:ts]
metralhadora (f)	ložmetējs (v)	[lɔʒmεte:js]
boca (f)	stops (v)	[stɔps]
cano (m)	stobrs (v)	[stɔbrs]
calibre (m)	kalibrs (v)	[kalibrs]
gatilho (m)	gailis (v)	[gailis]
mira (f)	tēmeklis (v)	[tε:meklis]
carregador (m)	magazīna (s)	[magazi:na]
coronha (f)	laide (s)	[laide]
granada (f) de mão	granāta (s)	[grana:ta]
explosivo (m)	sprāgstviela (s)	[spra:gstvιεla]
bala (f)	lode (s)	[lɔde]
cartucho (m)	patrona (s)	[patrɔna]
carga (f)	lādiņš (v)	[la:diɲʃ]
munições (f pl)	munīcija (s)	[muni:tsija]
bombardeiro (m)	bombardētājs (v)	[bɔmbardε:ta:js]
avião (m) de caça	iznīcinātājs (v)	[izni:tsina:ta:js]
helicóptero (m)	helikopters (v)	[xelikɔptεrs]
canhão (m) antiaéreo	zenītlielgabals (v)	[zeni:tliεlgabals]
tanque (m)	tanks (v)	[tanks]
canhão (de um tanque)	lielgabals (v)	[liεlgabals]
artilharia (f)	artilērija (s)	[artile:rija]
canhão (m)	lielgabals (v)	[liεlgabals]
fazer a pontaria	tēmēt	[tε:me:t]
obus (m)	šāviņš (v)	[ʃa:viɲʃ]
granada (f) de morteiro	mīna (s)	[mi:na]
morteiro (m)	mīnmetējs (v)	[mi:nmεte:js]
estilhaço (m)	šķemba (s)	[ʃtʲemba]
submarino (m)	zemūdene (s)	[zεmu:dεne]
torpedo (m)	torpēda (s)	[tɔrpε:da]
míssil (m)	rakete (s)	[ratʲεte]
carregar (uma arma)	ielādēt	[iεla:de:t]
atirar, disparar (vi)	šaut	[ʃaut]
apontar para ...	tēmēt uz ...	[tε:me:t uz ...]
baioneta (f)	durklis (v)	[durklis]
espada (f)	zobens (v)	[zɔbens]
sabre (m)	līkais zobens (v)	[li:kais zɔbens]
lança (f)	šķēps (v)	[ʃtʲe:ps]
arco (m)	loks (v)	[lɔks]
flecha (f)	bulta (s)	[bulta]
mosquete (m)	muskete (s)	[muskεte]
besta (f)	arbalets (v)	[arbalets]

115. Povos da antiguidade

primitivo	pirmatnējs	[pirmatne:js]
pré-histórico	aizvēsturisks	[aizve:sturisks]
antigo	sens	[sens]
Idade (f) da Pedra	akmens laikmets (v)	[akmens laikmets]
Idade (f) do Bronze	bronzas laikmets (v)	[brɔnzas laikmets]
período (m) glacial	ledus periods (v)	[lɛdus periɔds]
tribo (f)	cilts (s)	[tsilts]
canibal (m)	kanibāls (v)	[kaniba:ls]
caçador (m)	mednieks (v)	[medniɛks]
caçar (vi)	medīt	[medi:t]
mamute (m)	mamuts (v)	[mamuts]
caverna (f)	ala (s)	[ala]
fogo (m)	uguns (v)	[uguns]
fogueira (f)	ugunskurs (v)	[ugunskurs]
pintura (f) rupestre	klinšu gleznojums (v)	[klinʃu gleznɔjums]
ferramenta (f)	darbarīks (v)	[darbari:ks]
lança (f)	šķēps (v)	[ʃtʲe:ps]
machado (m) de pedra	akmens cirvis (v)	[akmens tsirvis]
guerrear (vt)	karot	[karɔt]
domesticar (vt)	pieradināt dzīvniekus	[piɛradina:t dzi:vniɛkus]
ídolo (m)	elks (v)	[elks]
adorar, venerar (vt)	pielūgt	[piɛlu:gt]
superstição (f)	māņticība (s)	[ma:ɲtitsi:ba]
ritual (m)	rituāls (v)	[ritua:ls]
evolução (f)	evolūcija (s)	[ɛvɔlu:tsija]
desenvolvimento (m)	attīstība (s)	[atti:sti:ba]
desaparecimento (m)	izzušana (s)	[izzuʃana]
adaptar-se (vr)	pielāgoties	[piɛla:gɔtiɛs]
arqueologia (f)	arheoloģija (s)	[arxeɔlɔdʲija]
arqueólogo (m)	arheologs (v)	[arxeɔlɔgs]
arqueológico	arheoloģisks	[arxeɔlɔdʲisks]
local (m) das escavações	izrakumu vieta (s)	[izrakumu viɛta]
escavações (f pl)	izrakšanas darbi (v dsk)	[izrakʃanas darbi]
achado (m)	atradums (v)	[atradums]
fragmento (m)	fragments (v)	[fragments]

116. Idade média

povo (m)	tauta (s)	[tauta]
povos (m pl)	tautas (s dsk)	[tautas]
tribo (f)	cilts (s)	[tsilts]
tribos (f pl)	ciltis (s dsk)	[tsiltis]
bárbaros (m pl)	barbari (v dsk)	[barbari]

gauleses (m pl)	galli (v dsk)	[galli]
godos (m pl)	goti (v dsk)	[gɔti]
eslavos (m pl)	slāvi (v dsk)	[slaːvi]
víquingues (m pl)	vikingi (v dsk)	[vikiŋgi]

romanos (m pl)	romieši (v dsk)	[rɔmiɛʃi]
romano	Romas	[rɔmas]

bizantinos (m pl)	bizantieši (v dsk)	[bizantiɛʃi]
Bizâncio	Bizantija (s)	[bizantija]
bizantino	bizantiešu	[bizantiɛʃu]

imperador (m)	imperators (v)	[impɛratɔrs]
líder (m)	vadonis (v)	[vadɔnis]
poderoso	varens	[varens]
rei (m)	karalis (v)	[karalis]
governante (m)	valdnieks (v)	[valdniɛks]

cavaleiro (m)	bruņinieks (v)	[bruɲiniɛks]
senhor feudal (m)	feodālis (v)	[feɔdaːlis]
feudal	feodāļu	[feɔdaːlʲu]
vassalo (m)	vasalis (v)	[vasalis]

duque (m)	hercogs (v)	[xertsɔgs]
conde (m)	grāfs (v)	[graːfs]
barão (m)	barons (v)	[barɔns]
bispo (m)	bīskaps (v)	[biːskaps]

armadura (f)	bruņas (s dsk)	[bruɲas]
escudo (m)	vairogs (v)	[vairɔgs]
espada (f)	šķēps (v)	[ʃtʲeːps]
viseira (f)	sejsegs (v)	[sejsegs]
cota (f) de malha	bruņu krekls (v)	[bruɲu krekls]

cruzada (f)	krusta gājiens (v)	[krusta gaːjiɛns]
cruzado (m)	krustnesis (v)	[krustnesis]

território (m)	teritorija (s)	[teritɔrija]
atacar (vt)	uzbrukt	[uzbrukt]
conquistar (vt)	iekarot	[iɛkarɔt]
ocupar, invadir (vt)	sagrābt	[sagraːbt]

assédio, sítio (m)	aplenkums (v)	[aplenkums]
sitiado	aplenkts	[aplenkts]
assediar, sitiar (vt)	aplenkt	[aplenkt]

inquisição (f)	inkvizīcija (s)	[inkviziːtsija]
inquisidor (m)	inkvizitors (v)	[inkvizitɔrs]
tortura (f)	spīdzināšana (s)	[spiːdzinaːʃana]
cruel	nežēlīgs	[neʒeːliːgs]
herege (m)	ķecerība (s)	[tʲetseriːba]
heresia (f)	ķeceris (v)	[tʲetseris]

navegação (f) marítima	jūrniecība (s)	[juːrniɛtsiːba]
pirata (m)	pirāts (v)	[piraːts]
pirataria (f)	pirātisms (v)	[piraːtisms]

abordagem (f)	abordāža (s)	[abɔrda:ʒa]
presa (f), butim (m)	laupījums (v)	[laupi:jums]
tesouros (m pl)	dārgumi (v dsk)	[da:rgumi]
descobrimento (m)	atklāšana (s)	[atkla:ʃana]
descobrir (novas terras)	atklāt	[atkla:t]
expedição (f)	ekspedīcija (s)	[ekspedi:tsija]
mosqueteiro (m)	musketieris (v)	[musketiɛris]
cardeal (m)	kardināls (v)	[kardina:ls]
heráldica (f)	heraldika (s)	[xɛraldika]
heráldico	heraldisks	[xɛraldisks]

117. Líder. Chefe. Autoridades

rei (m)	karalis (v)	[karalis]
rainha (f)	karaliene (s)	[karaliɛne]
real	karalisks	[karalisks]
reino (m)	karaliste (s)	[karaliste]
príncipe (m)	princis (v)	[printsis]
princesa (f)	princese (s)	[printsɛse]
presidente (m)	prezidents (v)	[prezidents]
vice-presidente (m)	viceprezidents (v)	[vitseprezidents]
senador (m)	senators (v)	[sɛnatɔrs]
monarca (m)	monarhs (v)	[mɔnarxs]
governante (m)	valdnieks (v)	[valdniɛks]
ditador (m)	diktators (v)	[diktatɔrs]
tirano (m)	tirāns (v)	[tira:ns]
magnata (m)	magnāts (v)	[magna:ts]
diretor (m)	direktors (v)	[direktɔrs]
chefe (m)	šefs (v)	[ʃefs]
dirigente (m)	pārvaldnieks (v)	[pa:rvaldniɛks]
patrão (m)	boss (v)	[bɔs]
dono (m)	saimnieks (v)	[saimniɛks]
líder, chefe (m)	vadītājs, līderis (v)	[vadi:ta:js], [li:deris]
chefe (~ de delegação)	galva (s)	[galva]
autoridades (f pl)	vara (s)	[vara]
superiores (m pl)	priekšniecība (s)	[priɛkʃniɛtsi:ba]
governador (m)	gubernators (v)	[gubernatɔrs]
cônsul (m)	konsuls (v)	[kɔnsuls]
diplomata (m)	diplomāts (v)	[diplɔma:ts]
Presidente (m) da Câmara	mērs (v)	[mɛ:rs]
xerife (m)	šerifs (v)	[ʃerifs]
imperador (m)	imperators (v)	[impɛratɔrs]
czar (m)	cars (v)	[tsars]
faraó (m)	faraons (v)	[faraɔns]
cã (m)	hans (v)	[xans]

118. Violação da lei. Criminosos. Parte 1

bandido (m)	bandīts (v)	[bandi:ts]
crime (m)	noziegums (v)	[nɔziɛgums]
criminoso (m)	noziedznieks (v)	[nɔziɛdzniɛks]

ladrão (m)	zaglis (v)	[zaglis]
roubar (vt)	zagt	[zagt]
furto (m)	zagšana (s)	[zagʃana]
furto (m)	zādzība (s)	[za:dzi:ba]

raptar (ex. ~ uma criança)	nolaupīt	[nɔlaupi:t]
rapto (m)	nolaupīšana (s)	[nɔlaupi:ʃana]
raptor (m)	laupītājs (v)	[laupi:ta:js]

resgate (m)	izpirkums (v)	[izpirkums]
pedir resgate	prasīt izpirkumu	[prasi:t izpirkumu]

roubar (vt)	aplaupīt	[aplaupi:t]
assalto, roubo (m)	aplaupīšana (s)	[aplaupi:ʃana]
assaltante (m)	laupītājs (v)	[laupi:ta:js]

extorquir (vt)	izspiest	[izspiɛst]
extorsionário (m)	izspiedējs (v)	[izspiɛde:js]
extorsão (f)	izspiešana (s)	[izspiɛʃana]

matar, assassinar (vt)	noslepkavot	[nɔslepkavɔt]
homicídio (m)	slepkavība (s)	[slepkavi:ba]
homicida, assassino (m)	slepkava (v)	[slepkava]

tiro (m)	šāviens (v)	[ʃa:viɛns]
dar um tiro	izšaut	[izʃaut]
matar a tiro	nošaut	[nɔʃaut]
atirar, disparar (vi)	šaut	[ʃaut]
tiroteio (m)	šaušana (s)	[ʃauʃana]

incidente (m)	notikums (v)	[nɔtikums]
briga (~ de rua)	kautiņš (v)	[kautiɲʃ]
Socorro!	Palīgā!	[pali:ga:!]
vítima (f)	upuris (v)	[upuris]

danificar (vt)	sabojāt	[sabɔja:t]
dano (m)	kaitējums (v)	[kaite:jums]
cadáver (m)	līķis (v)	[li:tʲis]
grave	smags noziegums	[smags nɔziɛgums]

atacar (vt)	uzbrukt	[uzbrukt]
bater (espancar)	sist	[sist]
espancar (vt)	piekaut	[piɛkaut]
tirar, roubar (dinheiro)	atņemt	[atɲemt]
esfaquear (vt)	nodurt	[nɔdurt]
mutilar (vt)	sakropļot	[sakrɔplʲɔt]
ferir (vt)	ievainot	[iɛvainɔt]
chantagem (f)	šantāža (s)	[ʃanta:ʒa]
chantagear (vt)	šantažēt	[ʃantaʒe:t]

chantagista (m)	šantāžists (v)	[ʃanta:ʒists]
extorsão	rekets (v)	[rɛkets]
(em troca de proteção)		
extorsionário (m)	reketieris (v)	[rɛketiɛris]
gângster (m)	gangsteris (v)	[gaŋgsteris]
máfia (f)	mafija (s)	[mafija]

carteirista (m)	kabatzaglis (v)	[kabatzaglis]
assaltante, ladrão (m)	kramplauzis (v)	[kramplauzis]
contrabando (m)	kontrabanda (s)	[kɔntrabanda]
contrabandista (m)	kontrabandists (v)	[kɔntrabandists]

falsificação (f)	viltojums (v)	[viltɔjums]
falsificar (vt)	viltot	[viltɔt]
falsificado	viltots	[viltɔts]

119. Viloação da lei. Criminosos. Parte 2

violação (f)	izvarošana (s)	[izvarɔʃana]
violar (vt)	izvarot	[izvarɔt]
violador (m)	izvarotājs (v)	[izvarɔta:js]
maníaco (m)	maniaks (v)	[maniaks]

prostituta (f)	prostitūta (s)	[prɔstitu:ta]
prostituição (f)	prostitūcija (s)	[prɔstitu:tsija]
chulo (m)	suteners (v)	[sutɛnɛrs]

| toxicodependente (m) | narkomāns (v) | [narkɔma:ns] |
| traficante (m) | narkotiku tirgotājs (v) | [narkɔtiku tirgɔta:js] |

explodir (vt)	uzspridzināt	[uzspridzina:t]
explosão (f)	sprādziens (v)	[spra:dziɛns]
incendiar (vt)	aizdedzināt	[aizdedzina:t]
incendiário (m)	dedzinātājs (v)	[dedzina:ta:js]

terrorismo (m)	terorisms (v)	[terɔrisms]
terrorista (m)	terorists (v)	[terɔrists]
refém (m)	ķīlnieks (v)	[tʲi:lniɛks]

enganar (vt)	piekrāpt	[piɛkra:pt]
engano (m)	krāpšana (s)	[kra:pʃana]
vigarista (m)	krāpnieks (v)	[kra:pniɛks]

subornar (vt)	piekukuļot	[piɛkukuȴɔt]
suborno (atividade)	piekukuļošana (s)	[piɛkukuȴɔʃana]
suborno (dinheiro)	kukulis (v)	[kukulis]

veneno (m)	inde (s)	[inde]
envenenar (vt)	noindēt	[nɔinde:t]
envenenar-se (vr)	noindēties	[nɔinde:tiɛs]

suicídio (m)	pašnāvība (s)	[paʃna:vi:ba]
suicida (m)	pašnāvnieks (v)	[paʃna:vniɛks]
ameaçar (vt)	draudēt	[draude:t]

ameaça (f)	drauds (v)	[drauds]
atentar contra a vida de ...	mēģinājums	[me:dʲina:jums]
atentado (m)	slepkavības mēģinājums (v)	[slepkavi:bas me:dʲina:jums]
roubar (o carro)	aizdzīt	[aizdzi:t]
desviar (o avião)	aizdzīt	[aizdzi:t]
vingança (f)	atriebība (s)	[atriɛbi:ba]
vingar (vt)	atriebties	[atriɛbtiɛs]
torturar (vt)	spīdzināt	[spi:dzina:t]
tortura (f)	spīdzināšana (s)	[spi:dzina:ʃana]
atormentar (vt)	mocīt	[mɔtsi:t]
pirata (m)	pirāts (v)	[pira:ts]
desordeiro (m)	huligāns (v)	[xuliga:ns]
armado	apbruņots	[apbruɲɔts]
violência (f)	varmācība (s)	[varma:tsi:ba]
ilegal	nelikumīgs	[nelikumi:gs]
espionagem (f)	spiegošana (s)	[spiɛgɔʃana]
espionar (vi)	spiegot	[spiɛgɔt]

120. Polícia. Lei. Parte 1

justiça (f)	tiesas spriešana (s)	[tiɛsas spriɛʃana]
tribunal (m)	tiesa (s)	[tiɛsa]
juiz (m)	tiesnesis (v)	[tiɛsnesis]
jurados (m pl)	zvērinātie (v dsk)	[zve:rina:tiɛ]
tribunal (m) do júri	zvērināto tiesa (s)	[zve:rina:tɔ tiɛsa]
julgar (vt)	spriest	[spriɛst]
advogado (m)	advokāts (v)	[advɔka:ts]
réu (m)	tiesājamais (v)	[tiɛsa:jamais]
banco (m) dos réus	apsūdzēto sols (v)	[apsu:dze:tɔ sɔls]
acusação (f)	apsūdzība (s)	[apsu:dzi:ba]
acusado (m)	apsūdzētais (v)	[apsu:dzɛ:tais]
sentença (f)	spriedums (v)	[spriɛdums]
sentenciar (vt)	piespriest	[piɛspriɛst]
culpado (m)	vaininieks (v)	[vaininiɛks]
punir (vt)	sodīt	[sɔdi:t]
punição (f)	sods (v)	[sɔds]
multa (f)	soda nauda (s)	[sɔda nauda]
prisão (f) perpétua	mūža ieslodzījums (v)	[mu:ʒa iɛslɔdzi:jums]
pena (f) de morte	nāves sods (v)	[na:ves sɔds]
cadeira (f) elétrica	elektriskais krēsls (v)	[ɛlektriskais kre:sls]
forca (f)	karātavas (s dsk)	[kara:tavas]
executar (vt)	sodīt ar nāvi	[sɔdi:t ar na:vi]
execução (f)	nāves soda izpilde (s)	[na:ves sɔda izpilde]

prisão (f)	cietums (v)	[tsiɛtums]
cela (f) de prisão	kamera (s)	[kamɛra]

escolta (f)	konvojs (v)	[kɔnvɔjs]
guarda (m) prisional	uzraugs (v)	[uzraugs]
preso (m)	ieslodzītais (v)	[iɛslɔdziːtais]

algemas (f pl)	roku dzelži (v dsk)	[rɔku dzelʒi]
algemar (vt)	ieslēgt roku dzelžos	[iɛsleːgt rɔku dzelʒɔs]

fuga, evasão (f)	izbēgšana no cietuma (s)	[izbeːgʃana nɔ tsiɛtuma]
fugir (vi)	bēgt no cietuma	[beːgt nɔ tsiɛtuma]
desaparecer (vi)	pazust	[pazust]
soltar, libertar (vt)	atbrīvot	[atbriːvɔt]
amnistia (f)	amnestija (s)	[amnestija]

polícia (instituição)	policija (s)	[pɔlitsija]
polícia (m)	policists (v)	[pɔlitsists]
esquadra (f) de polícia	policijas iecirknis (v)	[pɔlitsijas iɛtsirknis]
cassetete (m)	gumijas nūja (s)	[gumijas nuːja]
megafone (m)	rupors (v)	[rupɔrs]

carro (m) de patrulha	patruļa mašīna (s)	[patruļa maʃiːna]
sirene (f)	sirēna (s)	[sirɛːna]
ligar a sirene	ieslēgt sirēnu	[iɛsleːgt sirɛːnu]
toque (m) da sirene	sirēnas gaudošana (s)	[sirɛːnas gaudɔʃana]

cena (f) do crime	notikuma vieta (s)	[nɔtikuma viɛta]
testemunha (f)	liecinieks (v)	[liɛtsiniɛks]
liberdade (f)	brīvība (s)	[briːviːba]
cúmplice (m)	līdzzinātājs (v)	[liːdzzinaːtaːjs]
escapar (vi)	paslēpties	[pasleːptiɛs]
traço (não deixar ~s)	pēda (s)	[pɛːda]

121. Polícia. Lei. Parte 2

procura (f)	meklēšana (s)	[mekleːʃana]
procurar (vt)	meklēt ...	[mekleːt ...]
suspeita (f)	aizdomas (s dsk)	[aizdɔmas]
suspeito	aizdomīgs	[aizdɔmiːgs]
parar (vt)	apturēt	[aptureːt]
deter (vt)	aizturēt	[aiztureːt]

caso (criminal)	lieta (s)	[liɛta]
investigação (f)	izmeklēšana (s)	[izmekleːʃana]
detetive (m)	detektīvs (v)	[dɛtektiːvs]
investigador (m)	izmeklētājs (v)	[izmeklɛːtaːjs]
versão (f)	versija (s)	[vɛrsija]

motivo (m)	motīvs (v)	[mɔtiːvs]
interrogatório (m)	pratināšana (s)	[pratinaːʃana]
interrogar (vt)	pratināt	[pratinaːt]
questionar (vt)	aptaujāt	[aptaujaːt]
verificação (f)	pārbaude (s)	[paːrbaude]

batida (f) policial	tvarstīšana (s)	[tvarsti:ʃana]
busca (f)	kratīšana (s)	[krati:ʃana]
perseguição (f)	pakaļdzīšanās (s)	[pakalˡdzi:ʃana:s]
perseguir (vt)	vajāt	[vaja:t]
seguir (vt)	atsekot	[atsekɔt]

prisão (f)	arests (v)	[arests]
prender (vt)	arestēt	[areste:t]
pegar, capturar (vt)	noķert	[nɔtˡert]
captura (f)	satveršana (s)	[satverʃana]

documento (m)	dokuments (v)	[dɔkuments]
prova (f)	pierādījums (v)	[piɛra:di:jums]
provar (vt)	pierādīt	[piɛra:di:t]
pegada (f)	pēda (s)	[pɛ:da]
impressões (f pl) digitais	pirkstu nospiedumi (v dsk)	[pirkstu nɔspiɛdumi]
prova (f)	pierādījums (v)	[piɛra:di:jums]

álibi (m)	alibi (v)	[alibi]
inocente	nevainīgais	[nɛvaini:gais]
injustiça (f)	netaisnība (s)	[nɛtaisni:ba]
injusto	netaisnīgs	[nɛtaisni:gs]

criminal	kriminālais	[krimina:lais]
confiscar (vt)	konfiscēt	[kɔnfistse:t]
droga (f)	narkotiska viela (s)	[narkɔtiska viɛla]
arma (f)	ierocis (v)	[iɛrɔtsis]
desarmar (vt)	atbruņot	[atbruɲɔt]
ordenar (vt)	pavēlēt	[pavɛ:le:t]
desaparecer (vi)	pazust	[pazust]

lei (f)	likums (v)	[likums]
legal	likumīgs	[likumi:gs]
ilegal	nelikumīgs	[nelikumi:gs]

responsabilidade (f)	atbildība (s)	[atbildi:ba]
responsável	atbildīgais	[atbildi:gais]

NATUREZA

A Terra. Parte 1

122. Espaço sideral

cosmos (m)	kosmoss (v)	[kɔsmɔs]
cósmico	kosmiskais	[kɔsmiskais]
espaço (m) cósmico	kosmiskā telpa (s)	[kɔsmiska: telpa]
mundo (m)	visums (v)	[visums]
universo (m)	pasaule (s)	[pasaule]
galáxia (f)	galaktika (s)	[galaktika]
estrela (f)	zvaigzne (s)	[zvaigzne]
constelação (f)	zvaigznājs (v)	[zvaigzna:js]
planeta (m)	planēta (s)	[planɛ:ta]
satélite (m)	pavadonis (v)	[pavadɔnis]
meteorito (m)	meteorīts (v)	[mɛteɔri:ts]
cometa (m)	komēta (s)	[kɔmɛ:ta]
asteroide (m)	asteroīds (v)	[asterɔi:ds]
órbita (f)	orbīta (s)	[ɔrbi:ta]
girar (vi)	griezties ap	[griɛzties ap]
atmosfera (f)	atmosfēra (s)	[atmɔsfɛ:ra]
Sol (m)	Saule (s)	[saule]
Sistema (m) Solar	Saules sistēma (s)	[saules sistɛ:ma]
eclipse (m) solar	Saules aptumsums (v)	[saules aptumsums]
Terra (f)	Zeme (s)	[zɛme]
Lua (f)	Mēness (v)	[mɛ:nes]
Marte (m)	Marss (v)	[mars]
Vénus (f)	Venēra (s)	[vɛnɛ:ra]
Júpiter (m)	Jupiters (v)	[jupitɛrs]
Saturno (m)	Saturns (v)	[saturns]
Mercúrio (m)	Merkus (v)	[merkus]
Urano (m)	Urāns (v)	[ura:ns]
Neptuno (m)	Neptūns (v)	[neptu:ns]
Plutão (m)	Plutons (v)	[plutɔns]
Via Láctea (f)	Piena ceļš (v)	[piɛna tseliʃ]
Ursa Maior (f)	Lielais Lācis (v)	[liɛlais la:tsis]
Estrela Polar (f)	Polārzvaigzne (s)	[pɔla:rzvaigzne]
marciano (m)	marsietis (v)	[marsiɛtis]
extraterrestre (m)	citplanētietis (v)	[tsitplanɛ:tiɛtis]

alienígena (m)	atnācējs (v)	[atna:tse:js]
disco (m) voador	lidojošais šķīvis (v)	[lidɔjɔʃais ʃʲi:vis]
nave (f) espacial	kosmiskais kuģis (v)	[kɔsmiskais kudʲis]
estação (f) orbital	orbitālā stacija (s)	[ɔrbita:la: statsija]
lançamento (m)	starts (v)	[starts]
motor (m)	dzinējs (v)	[dzine:js]
bocal (m)	sprausla (s)	[sprausla]
combustível (m)	degviela (s)	[degviɛla]
cabine (f)	kabīne (s)	[kabi:ne]
antena (f)	antena (s)	[antɛna]
vigia (f)	iluminators (v)	[iluminatɔrs]
bateria (f) solar	saules baterija (s)	[saules baterija]
traje (m) espacial	skafandrs (v)	[skafandrs]
imponderabilidade (f)	bezsvara stāvoklis (v)	[bezsvara sta:vɔklis]
oxigénio (m)	skābeklis (v)	[ska:beklis]
acoplagem (f)	savienošanās (s)	[saviɛnɔʃana:s]
fazer uma acoplagem	savienoties	[saviɛnɔtiɛs]
observatório (m)	observatorija (s)	[ɔbservatɔrija]
telescópio (m)	teleskops (v)	[tɛleskɔps]
observar (vt)	novērot	[nɔve:rɔt]
explorar (vt)	pētīt	[pe:ti:t]

123. A Terra

Terra (f)	Zeme (s)	[zɛme]
globo terrestre (Terra)	zemeslode (s)	[zɛmeslɔde]
planeta (m)	planēta (s)	[planɛ:ta]
atmosfera (f)	atmosfēra (s)	[atmɔsfɛ:ra]
geografia (f)	ģeogrāfija (s)	[dʲeɔgra:fija]
natureza (f)	daba (s)	[daba]
globo (mapa esférico)	globuss (v)	[glɔbus]
mapa (m)	karte (s)	[karte]
atlas (m)	atlants (v)	[atlants]
Europa (f)	Eiropa (s)	[ɛirɔpa]
Ásia (f)	Āzija (s)	[a:zija]
África (f)	Āfrika (s)	[a:frika]
Austrália (f)	Austrālija (s)	[austra:lija]
América (f)	Amerika (s)	[amerika]
América (f) do Norte	Ziemeļamerika (s)	[ziɛmɛlʲamerika]
América (f) do Sul	Dienvidamerika (s)	[diɛnvidamerika]
Antártida (f)	Antarktīda (s)	[antarkti:da]
Ártico (m)	Arktika (s)	[arktika]

124. Pontos cardeais

norte (m)	ziemeļi (v dsk)	[ziɛmelʲi]
para norte	uz ziemeļiem	[uz ziɛmelʲiɛm]
no norte	ziemeļos	[ziɛmelʲɔs]
do norte	ziemeļu	[ziɛmɛlʲu]
sul (m)	dienvidi (v dsk)	[diɛnvidi]
para sul	uz dienvidiem	[uz diɛnvidiɛm]
no sul	dienvidos	[diɛnvidɔs]
do sul	dienvidu	[diɛnvidu]
oeste, ocidente (m)	rietumi (v dsk)	[riɛtumi]
para oeste	uz rietumiem	[uz riɛtumiɛm]
no oeste	rietumos	[riɛtumɔs]
ocidental	rietumu	[riɛtumu]
leste, oriente (m)	austrumi (v dsk)	[austrumi]
para leste	uz austrumiem	[uz austrumiɛm]
no leste	austrumos	[austrumɔs]
oriental	austrumu	[austrumu]

125. Mar. Oceano

mar (m)	jūra (s)	[ju:ra]
oceano (m)	okeāns (v)	[ɔkea:ns]
golfo (m)	jūras līcis (v)	[ju:ras li:tsis]
estreito (m)	jūras šaurums (v)	[ju:ras ʃaurums]
terra (f) firme	sauszeme (s)	[sauszɛme]
continente (m)	kontinents (v)	[kɔntinents]
ilha (f)	sala (s)	[sala]
península (f)	pussala (s)	[pusala]
arquipélago (m)	arhipelāgs (v)	[arxipɛla:gs]
baía (f)	līcis (v)	[li:tsis]
porto (m)	osta (s)	[ɔsta]
lagoa (f)	lagūna (s)	[lagu:na]
cabo (m)	zemesrags (v)	[zɛmesrags]
atol (m)	atols (v)	[atɔls]
recife (m)	rifs (v)	[rifs]
coral (m)	korallis (v)	[kɔrallis]
recife (m) de coral	koraļļu rifs (v)	[kɔrallʲu rifs]
profundo	dziļš	[dzilʲʃ]
profundidade (f)	dziļums (v)	[dzilʲums]
abismo (m)	dzelme (s)	[dzelme]
fossa (f) oceânica	ieplaka (s)	[iɛplaka]
corrente (f)	straume (s)	[straume]
banhar (vt)	apskalot	[apskalɔt]
litoral (m)	krasts (v)	[krasts]

costa (f)	piekraste (s)	[piɛkraste]
maré (f) alta	paisums (v)	[paisums]
refluxo (m), maré (f) baixa	bēgums (v)	[bɛ:gums]
restinga (f)	sēklis (v)	[se:klis]
fundo (m)	gultne (s)	[gultne]
onda (f)	vilnis (v)	[vilnis]
crista (f) da onda	viļņa mugura (s)	[vilʲɲa mugura]
espuma (f)	putas (s)	[putas]
tempestade (f)	vētra (s)	[ve:tra]
furacão (m)	viesulis (v)	[viɛsulis]
tsunami (m)	cunami (v)	[tsunami]
calmaria (f)	bezvējš (v)	[bezve:jʃ]
calmo	mierīgs	[miɛri:gs]
polo (m)	pols (v)	[pɔls]
polar	polārais	[pɔla:rais]
latitude (f)	platums (v)	[platums]
longitude (f)	garums (v)	[garums]
paralela (f)	paralēle (s)	[paralɛ:le]
equador (m)	ekvators (v)	[ekvatɔrs]
céu (m)	debess (s)	[dɛbes]
horizonte (m)	horizonts (v)	[xɔrizɔnts]
ar (m)	gaiss (v)	[gais]
farol (m)	bāka (s)	[ba:ka]
mergulhar (vi)	nirt	[nirt]
afundar-se (vr)	nogrimt	[nɔgrimt]
tesouros (m pl)	dārgumi (v dsk)	[da:rgumi]

126. Nomes de Mares e Oceanos

Oceano (m) Atlântico	Atlantijas okeāns (v)	[atlantijas ɔkea:ns]
Oceano (m) Índico	Indijas okeāns (v)	[indijas ɔkea:ns]
Oceano (m) Pacífico	Klusais okeāns (v)	[klusais ɔkea:ns]
Oceano (m) Ártico	Ziemeļu Ledus okeāns (v)	[ziɛmɛlʲu lɛdus ɔkea:ns]
Mar (m) Negro	Melnā jūra (s)	[melna: ju:ra]
Mar (m) Vermelho	Sarkanā jūra (s)	[sarkana: ju:ra]
Mar (m) Amarelo	Dzeltenā jūra (s)	[dzeltɛna: ju:ra]
Mar (m) Branco	Baltā jūra (s)	[balta: ju:ra]
Mar (m) Cáspio	Kaspijas jūra (s)	[kaspijas ju:ra]
Mar (m) Morto	Nāves jūra (s)	[na:ves ju:ra]
Mar (m) Mediterrâneo	Vidusjūra (s)	[vidusju:ra]
Mar (m) Egeu	Egejas jūra (s)	[ɛgejas ju:ra]
Mar (m) Adriático	Adrijas jūra (s)	[adrijas ju:ra]
Mar (m) Arábico	Arābijas jūra (s)	[ara:bijas ju:ra]
Mar (m) do Japão	Japāņu jūra (s)	[japa:ɲu ju:ra]

| Mar (m) de Bering | Beringa jūra (s) | [beriŋga ju:ra] |
| Mar (m) da China Meridional | Dienvidķīnas jūra (s) | [diɛnvidtʲi:nas ju:ra] |

Mar (m) de Coral	Koraļļu jūra (s)	[kɔrallʲu ju:ra]
Mar (m) de Tasman	Tasmāna jūra (s)	[tasma:na ju:ra]
Mar (m) do Caribe	Karību jūra (s)	[kari:bu ju:ra]

| Mar (m) de Barents | Barenca jūra (s) | [barentsa ju:ra] |
| Mar (m) de Kara | Karas jūra (s) | [karas ju:ra] |

Mar (m) do Norte	Ziemeļjūra (s)	[ziɛmelʲju:ra]
Mar (m) Báltico	Baltijas jūra (s)	[baltijas ju:ra]
Mar (m) da Noruega	Norvēģu jūra (s)	[nɔrvɛ:dʲu ju:ra]

127. Montanhas

montanha (f)	kalns (v)	[kalns]
cordilheira (f)	kalnu virkne (s)	[kalnu virkne]
serra (f)	kalnu grēda (s)	[kalnu grɛ:da]

cume (m)	virsotne (s)	[virsɔtne]
pico (m)	smaile (s)	[smaile]
sopé (m)	pakāje (s)	[paka:je]
declive (m)	nogāze (s)	[nɔga:ze]

vulcão (m)	vulkāns (v)	[vulka:ns]
vulcão (m) ativo	darvojošais vulkāns (v)	[darvɔjɔʃais vulka:ns]
vulcão (m) extinto	nodzisušais vulkāns (v)	[nɔdzisuʃais vulka:ns]

erupção (f)	izvirdums (v)	[izvirdums]
cratera (f)	krāteris (v)	[kra:teris]
magma (m)	magma (s)	[magma]
lava (f)	lava (s)	[lava]
fundido (lava ~a)	karstais	[karstais]

desfiladeiro (m)	kanjons (v)	[kanjɔns]
garganta (f)	aiza (s)	[aiza]
fenda (f)	plaisa (s)	[plaisa]
precipício (m)	bezdibenis (v)	[bezdibenis]

passo, colo (m)	pāreja (s)	[pa:reja]
planalto (m)	plato (v)	[platɔ]
falésia (f)	klints (s)	[klints]
colina (f)	pakalns (v)	[pakalns]

glaciar (m)	ledājs (v)	[lɛda:js]
queda (f) d'água	ūdenskritums (v)	[u:denskritums]
géiser (m)	geizers (v)	[gɛizɛrs]
lago (m)	ezers (v)	[ɛzɛrs]

planície (f)	līdzenums (v)	[li:dzenums]
paisagem (f)	ainava (s)	[ainava]
eco (m)	atbalss (s)	[atbals]
alpinista (m)	alpīnists (v)	[alpi:nists]

escalador (m)	klinšu kāpējs (v)	[klinʃu ka:pe:js]
conquistar (vt)	iekarot	[iɛkarɔt]
subida, escalada (f)	uzkāpšana (s)	[uzka:pʃana]

128. Nomes de montanhas

Alpes (m pl)	Alpi (v dsk)	[alpi]
monte Branco (m)	Monblāns (v)	[mɔnbla:ns]
Pirineus (m pl)	Pireneji (v dsk)	[pirɛneji]
Cárpatos (m pl)	Karpati (v dsk)	[karpati]
montes (m pl) Urais	Urālu kalni (v dsk)	[ura:lu kalni]
Cáucaso (m)	Kaukāzs (v)	[kauka:zs]
Elbrus (m)	Elbruss (v)	[elbrus]
Altai (m)	Altaja kalni (v)	[altaja kalni]
Tian Shan (m)	Tjanšana kalni (v)	[tjanʃana kalni]
Pamir (m)	Pamirs (v)	[pamirs]
Himalaias (m pl)	Himalaji (v dsk)	[ximalaji]
monte (m) Everest	Everests (v)	[ɛvɛrests]
Cordilheira (f) dos Andes	Andu kalni (v dsk)	[andu kalni]
Kilimanjaro (m)	Kilimandžaro (v)	[kilimandʒarɔ]

129. Rios

rio (m)	upe (s)	[upe]
fonte, nascente (f)	ūdens avots (v)	[u:dens avɔts]
leito (m) do rio	gultne (s)	[gultne]
bacia (f)	upes baseins (v)	[upes basɛins]
desaguar no ...	ieplūst ...	[iɛplu:st ...]
afluente (m)	pieteka (s)	[piɛtɛka]
margem (do rio)	krasts (v)	[krasts]
corrente (f)	straume (s)	[straume]
rio abaixo	plūsmas lejtecē	[plu:smas lejtetse:]
rio acima	plūsmas augštecē	[plu:smas auʃtetse:]
inundação (f)	plūdi (v dsk)	[plu:di]
cheia (f)	pali (v dsk)	[pali]
transbordar (vi)	pārplūst	[pa:rplu:st]
inundar (vt)	appludināt	[appludina:t]
banco (m) de areia	sēklis (v)	[se:klis]
rápidos (m pl)	krāce (s)	[kra:tse]
barragem (f)	dambis (v)	[dambis]
canal (m)	kanāls (v)	[kana:ls]
reservatório (m) de água	ūdenskrātuve (s)	[u:denskra:tuve]
eclusa (f)	slūžas (s)	[slu:ʒas]
corpo (m) de água	ūdenstilpe (s)	[u:denstilpe]

pântano (m)	purvs (v)	[purvs]
tremedal (m)	staignājs (v)	[staigna:js]
remoinho (m)	virpulis (v)	[virpulis]
arroio, regato (m)	strauts (v)	[strauts]
potável	dzeramais	[dzɛramais]
doce (água)	sājš	[sa:jʃ]
gelo (m)	ledus (v)	[lɛdus]
congelar-se (vr)	aizsalt	[aizsalt]

130. Nomes de rios

rio Sena (m)	Sēna (s)	[sɛ:na]
rio Loire (m)	Luāra (s)	[lua:ra]
rio Tamisa (m)	Temza (s)	[temza]
rio Reno (m)	Reina (s)	[rɛina]
rio Danúbio (m)	Donava (s)	[dɔnava]
rio Volga (m)	Volga (s)	[vɔlga]
rio Don (m)	Dona (s)	[dɔna]
rio Lena (m)	Ļena (s)	[lʲɛna]
rio Amarelo (m)	Huanhe (s)	[xuanxe]
rio Yangtzé (m)	Jandzi (s)	[jandzi]
rio Mekong (m)	Mekonga (s)	[mekɔnga]
rio Ganges (m)	Ganga (s)	[gaŋga]
rio Nilo (m)	Nīla (s)	[ni:la]
rio Congo (m)	Kongo (s)	[kɔŋgɔ]
rio Cubango (m)	Okavango (s)	[ɔkavaŋgɔ]
rio Zambeze (m)	Zambezi (s)	[zambezi]
rio Limpopo (m)	Limpopo (s)	[limpɔpɔ]
rio Mississípi (m)	Misisipi (s)	[misisipi]

131. Floresta

floresta (f), bosque (m)	mežs (v)	[meʒs]
florestal	meža	[meʒa]
mata (f) cerrada	meža biezoknis (v)	[meʒa biɛzɔknis]
arvoredo (m)	birze (s)	[birze]
clareira (f)	nora (s)	[nɔra]
matagal (m)	krūmājs (v)	[kru:ma:js]
mato (m)	krūmi (v dsk)	[kru:mi]
vereda (f)	taciņa (s)	[tatsiɲa]
ravina (f)	grava (s)	[grava]
árvore (f)	koks (v)	[kɔks]
folha (f)	lapa (s)	[lapa]

folhagem (f)	lapas (s dsk)	[lapas]
queda (f) das folhas	lapkritis (v)	[lapkritis]
cair (vi)	lapas krīt	[lapas kri:t]
topo (m)	virsotne (s)	[virsɔtne]
ramo (m)	zariņš (v)	[zariɲʃ]
galho (m)	zars (v)	[zars]
botão, rebento (m)	pumpurs (v)	[pumpurs]
agulha (f)	skuja (s)	[skuja]
pinha (f)	čiekurs (v)	[tʃiɛkurs]
buraco (m) de árvore	dobums (v)	[dɔbums]
ninho (m)	ligzda (s)	[ligzda]
toca (f)	ala (s)	[ala]
tronco (m)	stumbrs (v)	[stumbrs]
raiz (f)	sakne (s)	[sakne]
casca (f) de árvore	miza (s)	[miza]
musgo (m)	sūna (s)	[su:na]
arrancar pela raiz	atcelmot	[attselmɔt]
cortar (vt)	cirst	[tsirst]
desflorestar (vt)	izcirst	[iztsirst]
toco, cepo (m)	celms (v)	[tselms]
fogueira (f)	ugunskurs (v)	[ugunskurs]
incêndio (m) florestal	ugunsgrēks (v)	[ugunsgre:ks]
apagar (vt)	dzēst	[dze:st]
guarda-florestal (m)	mežinieks (v)	[meʒiniɛks]
proteção (f)	augu aizsargāšana (s)	[augu aizsarga:ʃana]
proteger (a natureza)	dabas aizsardzība	[dabas aizsardzi:ba]
caçador (m) furtivo	malumednieks (v)	[malumedniɛks]
armadilha (f)	lamatas (s dsk)	[lamatas]
colher (cogumelos)	sēņot	[se:ɲɔt]
colher (bagas)	ogot	[ɔgɔt]
perder-se (vr)	apmaldīties	[apmaldi:tiɛs]

132. Recursos naturais

recursos (m pl) naturais	dabas resursi (v dsk)	[dabas rɛsursi]
minerais (m pl)	derīgie izrakteņi (v dsk)	[deri:giɛ izrakteɲi]
depósitos (m pl)	iegulumi (v dsk)	[iɛgulumi]
jazida (f)	atradne (s)	[atradne]
extrair (vt)	iegūt rūdu	[iɛgu:t ru:du]
extração (f)	ieguve (s)	[iɛguve]
minério (m)	rūda (s)	[ru:da]
mina (f)	raktuve (s)	[raktuve]
poço (m) de mina	šahta (s)	[ʃaxta]
mineiro (m)	ogļracis (v)	[ɔgljratsis]
gás (m)	gāze (s)	[ga:ze]
gasoduto (m)	gāzes vads (v)	[ga:zes vads]

petróleo (m)	nafta (s)	[nafta]
oleoduto (m)	naftas vads (v)	[naftas vads]
poço (m) de petróleo	naftas tornis (v)	[naftas tɔrnis]
torre (f) petrolífera	urbjtornis (v)	[urbjtɔrnis]
petroleiro (m)	tankkuģis (v)	[tankkudʲis]

areia (f)	smiltis (s dsk)	[smiltis]
calcário (m)	kaļķakmens (v)	[kalʲtʲakmens]
cascalho (m)	grants (s)	[grants]
turfa (f)	kūdra (s)	[ku:dra]
argila (f)	māls (v)	[ma:ls]
carvão (m)	ogles (s dsk)	[ɔgles]

ferro (m)	dzelzs (s)	[dzelzs]
ouro (m)	zelts (v)	[zelts]
prata (f)	sudrabs (v)	[sudrabs]
níquel (m)	niķelis (v)	[nitʲelis]
cobre (m)	varš (v)	[varʃ]

zinco (m)	cinks (v)	[tsinks]
manganês (m)	mangāns (v)	[maŋga:ns]
mercúrio (m)	dzīvsudrabs (v)	[dzi:vsudrabs]
chumbo (m)	svins (v)	[svins]

mineral (m)	minerāls (v)	[minɛra:ls]
cristal (m)	kristāls (v)	[krista:ls]
mármore (m)	marmors (v)	[marmɔrs]
urânio (m)	urāns (v)	[ura:ns]

A Terra. Parte 2

133. Tempo

tempo (m)	laiks (v)	[laiks]
previsão (f) do tempo	laika prognoze (s)	[laika prognoze]
temperatura (f)	temperatūra (s)	[tempɛratu:ra]
termómetro (m)	termometrs (v)	[termɔmetrs]
barómetro (m)	barometrs (v)	[barɔmetrs]
húmido	mitrs	[mitrs]
humidade (f)	mitrums (v)	[mitrums]
calor (m)	tveice (s)	[tvɛitse]
cálido	karsts	[karsts]
está muito calor	karsts laiks	[karsts laiks]
está calor	silts laiks	[silts laiks]
quente	silts	[silts]
está frio	auksts laiks	[auksts laiks]
frio	auksts	[auksts]
sol (m)	saule (s)	[saule]
brilhar (vi)	spīd saule	[spi:d saule]
de sol, ensolarado	saulains	[saulains]
nascer (vi)	uzlēkt	[uzle:kt]
pôr-se (vr)	rietēt	[riɛte:t]
nuvem (f)	mākonis (v)	[ma:kɔnis]
nublado	mākoņains	[ma:koɲains]
nuvem (f) preta	melns mākonis (v)	[melns ma:kɔnis]
escuro, cinzento	apmācies	[apma:tsiɛs]
chuva (f)	lietus (v)	[liɛtus]
está a chover	līst lietus	[li:st liɛtus]
chuvoso	lietains	[liɛtains]
chuviscar (vi)	smidzina	[smidzina]
chuva (f) torrencial	stiprs lietus (v)	[stiprs liɛtus]
chuvada (f)	lietusgāze (s)	[liɛtusga:ze]
forte (chuva)	stiprs	[stiprs]
poça (f)	peļķe (s)	[pelʲtʲe]
molhar-se (vr)	samirkt	[samirkt]
nevoeiro (m)	migla (s)	[migla]
de nevoeiro	miglains	[miglains]
neve (f)	sniegs (v)	[sniɛgs]
está a nevar	krīt sniegs	[kri:t sniɛgs]

134. Tempo extremo. Catástrofes naturais

trovoada (f)	pērkona negaiss (v)	[peːrkɔna nɛgais]
relâmpago (m)	zibens (v)	[zibens]
relampejar (vi)	zibēt	[zibeːt]
trovão (m)	pērkons (v)	[peːrkɔns]
trovejar (vi)	dārdēt	[daːrdeːt]
está a trovejar	dārd pērkons	[daːrd peːrkɔns]
granizo (m)	krusa (s)	[krusa]
está a cair granizo	krīt krusa	[kriːt krusa]
inundar (vt)	appludināt	[appludinaːt]
inundação (f)	ūdens plūdi (v dsk)	[uːdens pluːdi]
terremoto (m)	zemestrīce (s)	[zɛmestriːtse]
abalo, tremor (m)	trieciens (v)	[triɛtsiɛns]
epicentro (m)	epicentrs (v)	[epitsentrs]
erupção (f)	izvirdums (v)	[izvirdums]
lava (f)	lava (s)	[lava]
turbilhão (m)	virpuļvētra (s)	[virpulʲveːtra]
tornado (m)	tornado (v)	[tɔrnadɔ]
tufão (m)	taifūns (v)	[taifuːns]
furacão (m)	viesulis (v)	[viɛsulis]
tempestade (f)	vētra (s)	[veːtra]
tsunami (m)	cunami (v)	[tsunami]
ciclone (m)	ciklons (v)	[tsiklɔns]
mau tempo (m)	slikts laiks (v)	[slikts laiks]
incêndio (m)	ugunsgrēks (v)	[ugunsgreːks]
catástrofe (f)	katastrofa (s)	[katastrɔfa]
meteorito (m)	meteorīts (v)	[mɛteɔriːts]
avalanche (f)	lavīna (s)	[laviːna]
deslizamento (m) de neve	sniega gāze (s)	[sniɛga gaːze]
nevasca (f)	sniegputenis (v)	[sniɛgputenis]
tempestade (f) de neve	sniega vētra (s)	[sniɛga veːtra]

Fauna

135. Mamíferos. Predadores

predador (m)	plēsoņa (s)	[ple:sɔɲa]
tigre (m)	tīģeris (v)	[ti:dʲeris]
leão (m)	lauva (s)	[lauva]
lobo (m)	vilks (v)	[vilks]
raposa (f)	lapsa (s)	[lapsa]
jaguar (m)	jaguārs (v)	[jagua:rs]
leopardo (m)	leopards (v)	[leɔpards]
chita (f)	gepards (v)	[gɛpards]
pantera (f)	pantera (s)	[pantɛra]
puma (m)	puma (s)	[puma]
leopardo-das-neves (m)	sniega leopards (v)	[sniɛga leɔpards]
lince (m)	lūsis (v)	[lu:sis]
coiote (m)	koijots (v)	[kɔijɔts]
chacal (m)	šakālis (v)	[ʃaka:lis]
hiena (f)	hiēna (s)	[xiɛ:na]

136. Animais selvagens

animal (m)	dzīvnieks (v)	[dzi:vniɛks]
besta (f)	zvērs (v)	[zvɛ:rs]
esquilo (m)	vāvere (s)	[va:vɛre]
ouriço (m)	ezis (v)	[ɛzis]
lebre (f)	zaķis (v)	[zatʲis]
coelho (m)	trusis (v)	[trusis]
texugo (m)	āpsis (v)	[a:psis]
guaxinim (m)	jenots (v)	[jenɔts]
hamster (m)	kāmis (v)	[ka:mis]
marmota (f)	murkšķis (v)	[murkʃtʲis]
toupeira (f)	kurmis (v)	[kurmis]
rato (m)	pele (s)	[pɛle]
ratazana (f)	žurka (s)	[ʒurka]
morcego (m)	sikspārnis (v)	[sikspa:rnis]
arminho (m)	sermulis (v)	[sermulis]
zibelina (f)	sabulis (v)	[sabulis]
marta (f)	cauna (s)	[tsauna]
doninha (f)	zebiekste (s)	[zebiɛkste]
vison (m)	ūdele (s)	[u:dɛle]

castor (m)	bebrs (v)	[bebrs]
lontra (f)	ūdrs (v)	[u:drs]
cavalo (m)	zirgs (v)	[zirgs]
alce (m)	alnis (v)	[alnis]
veado (m)	briedis (v)	[briɛdis]
camelo (m)	kamielis (v)	[kamiɛlis]
bisão (m)	bizons (v)	[bizɔns]
auroque (m)	sumbrs (v)	[sumbrs]
búfalo (m)	bifelis (v)	[bifelis]
zebra (f)	zebra (s)	[zebra]
antílope (m)	antilope (s)	[antilɔpe]
corça (f)	stirna (s)	[stirna]
gamo (m)	dambriedis (v)	[dambriɛdis]
camurça (f)	kalnu kaza (s)	[kalnu kaza]
javali (m)	mežacūka (s)	[meʒatsu:ka]
baleia (f)	valis (v)	[valis]
foca (f)	ronis (v)	[rɔnis]
morsa (f)	valzirgs (v)	[valzirgs]
urso-marinho (m)	kotiks (v)	[kɔtiks]
golfinho (m)	delfīns (v)	[delfi:ns]
urso (m)	lācis (v)	[la:tsis]
urso (m) branco	baltais lācis (v)	[baltais la:tsis]
panda (m)	panda (s)	[panda]
macaco (em geral)	pērtiķis (v)	[pe:rtitʲis]
chimpanzé (m)	šimpanze (s)	[ʃimpanze]
orangotango (m)	orangutāns (v)	[ɔraŋguta:ns]
gorila (m)	gorilla (s)	[gɔrilla]
macaco (m)	makaks (v)	[makaks]
gibão (m)	gibons (v)	[gibɔns]
elefante (m)	zilonis (v)	[zilɔnis]
rinoceronte (m)	degunradzis (v)	[dɛgunradzis]
girafa (f)	žirafe (s)	[ʒirafe]
hipopótamo (m)	nīlzirgs (v)	[ni:lzirgs]
canguru (m)	ķengurs (v)	[tʲeŋgurs]
coala (m)	koala (s)	[kɔala]
mangusto (m)	mangusts (v)	[maŋgusts]
chinchila (m)	šinšilla (s)	[ʃinʃilla]
doninha-fedorenta (f)	skunkss (v)	[skunks]
porco-espinho (m)	dzeloņcūka (s)	[dzelɔɲtsu:ka]

137. Animais domésticos

gata (f)	kaķis (v)	[katʲis]
gato (m) macho	runcis (v)	[runtsis]
cão (m)	suns (v)	[suns]

cavalo (m)	zirgs (v)	[zirgs]
garanhão (m)	ērzelis (v)	[e:rzelis]
égua (f)	ķēve (s)	[tʲɛ:ve]
vaca (f)	govs (s)	[gɔvs]
touro (m)	bullis (v)	[bullis]
boi (m)	vērsis (v)	[vɛ:rsis]
ovelha (f)	aita (s)	[aita]
carneiro (m)	auns (v)	[auns]
cabra (f)	kaza (s)	[kaza]
bode (m)	āzis (v)	[a:zis]
burro (m)	ēzelis (v)	[ɛ:zelis]
mula (f)	mūlis (v)	[mu:lis]
porco (m)	cūka (s)	[tsu:ka]
leitão (m)	sivēns (v)	[sive:ns]
coelho (m)	trusis (v)	[trusis]
galinha (f)	vista (s)	[vista]
galo (m)	gailis (v)	[gailis]
pata (f)	pīle (s)	[pi:le]
pato (macho)	pīļtēviņš (v)	[pi:lʲte:viɲʃ]
ganso (m)	zoss (s)	[zɔs]
peru (m)	tītars (v)	[ti:tars]
perua (f)	tītaru mātīte (s)	[ti:taru ma:ti:te]
animais (m pl) domésticos	mājdzīvnieki (v dsk)	[ma:jdzi:vniɛki]
domesticado	pieradināts	[piɛradina:ts]
domesticar (vt)	pieradināt	[piɛradina:t]
criar (vt)	audzēt	[audze:t]
quinta (f)	saimniecība (s)	[saimniɛtsi:ba]
aves (f pl) domésticas	mājputni (v dsk)	[ma:jputni]
gado (m)	liellopi (v dsk)	[liɛllopi]
rebanho (m), manada (f)	ganāmpulks (v)	[gana:mpulks]
estábulo (m)	zirgu stallis (v)	[zirgu stallis]
pocilga (f)	cūkkūts (s)	[tsu:kku:ts]
estábulo (m)	kūts (s)	[ku:ts]
coelheira (f)	trušu būda (s)	[truʃu bu:da]
galinheiro (m)	vistu kūts (s)	[vistu ku:ts]

138. Pássaros

pássaro (m), ave (f)	putns (v)	[putns]
pombo (m)	balodis (v)	[balodis]
pardal (m)	zvirbulis (v)	[zvirbulis]
chapim-real (m)	zīlīte (s)	[zi:li:te]
pega-rabuda (f)	žagata (s)	[ʒagata]
corvo (m)	krauklis (v)	[krauklis]

gralha (f) cinzenta	vārna (s)	[vaːrna]
gralha-de-nuca-cinzenta (f)	kovārnis (v)	[kɔvaːrnis]
gralha-calva (f)	krauķis (v)	[krautʲis]

pato (m)	pīle (s)	[piːle]
ganso (m)	zoss (s)	[zɔs]
faisão (m)	fazāns (v)	[fazaːns]

águia (f)	ērglis (v)	[eːrglis]
açor (m)	vanags (v)	[vanags]
falcão (m)	piekūns (v)	[piɛkuːns]
abutre (m)	grifs (v)	[grifs]
condor (m)	kondors (v)	[kɔndɔrs]

cisne (m)	gulbis (v)	[gulbis]
grou (m)	dzērve (s)	[dzeːrve]
cegonha (f)	stārķis (v)	[staːrtʲis]

papagaio (m)	papagailis (v)	[papagailis]
beija-flor (m)	kolibri (v)	[kɔlibri]
pavão (m)	pāvs (v)	[paːvs]

avestruz (m)	strauss (v)	[straus]
garça (f)	gārnis (v)	[gaːrnis]
flamingo (m)	flamings (v)	[flamiŋgs]
pelicano (m)	pelikāns (v)	[pelikaːns]

rouxinol (m)	lakstīgala (s)	[akstiːgala]
andorinha (f)	bezdelīga (s)	[bezdeliːga]

tordo-zornal (m)	strazds (v)	[strazds]
tordo-músico (m)	dziedātājstrazds (v)	[dziɛdaːtaːjstrazds]
melro-preto (m)	melnais strazds (v)	[melnais strazds]

andorinhão (m)	svīre (s)	[sviːre]
cotovia (f)	cīrulis (v)	[tsiːrulis]
codorna (f)	paipala (s)	[paipala]

pica-pau (m)	dzenis (v)	[dzenis]
cuco (m)	dzeguze (s)	[dzɛguze]
coruja (f)	pūce (s)	[puːtse]
corujão, bufo (m)	ūpis (v)	[uːpis]
tetraz-grande (m)	mednis (v)	[mednis]
tetraz-lira (m)	rubenis (v)	[rubenis]
perdiz-cinzenta (f)	irbe (s)	[irbe]

estorninho (m)	mājas strazds (v)	[maːjas strazds]
canário (m)	kanārijputniņš (v)	[kanaːrijputniɲʃ]
galinha-do-mato (f)	meža irbe (s)	[meʒa irbe]

tentilhão (m)	žubīte (s)	[ʒubiːte]
dom-fafe (m)	svilpis (v)	[svilpis]

gaivota (f)	kaija (s)	[kaija]
albatroz (m)	albatross (v)	[albatrɔs]
pinguim (m)	pingvīns (v)	[piŋgviːns]

139. Peixes. Animais marinhos

brema (f)	plaudis (v)	[plaudis]
carpa (f)	karpa (s)	[karpa]
perca (f)	asaris (v)	[asaris]
siluro (m)	sams (v)	[sams]
lúcio (m)	līdaka (s)	[liːdaka]

salmão (m)	lasis (v)	[lasis]
esturjão (m)	store (s)	[stɔre]

arenque (m)	siļķe (s)	[silʲtʲe]
salmão (m)	lasis (v)	[lasis]
cavala, sarda (f)	skumbrija (s)	[skumbrija]
solha (f)	bute (s)	[bute]

lúcio perca (m)	zandarts (v)	[zandarts]
bacalhau (m)	menca (s)	[mentsa]
atum (m)	tuncis (v)	[tuntsis]
truta (f)	forele (s)	[fɔrɛle]

enguia (f)	zutis (v)	[zutis]
raia elétrica (f)	elektriskā raja (s)	[ɛlektriska: raja]
moreia (f)	murēna (s)	[murɛːna]
piranha (f)	piraija (s)	[piraija]

tubarão (m)	haizivs (s)	[xaizivs]
golfinho (m)	delfīns (v)	[delfiːns]
baleia (f)	valis (v)	[valis]

caranguejo (m)	krabis (v)	[krabis]
medusa, alforreca (f)	medūza (s)	[mɛduːza]
polvo (m)	astoņkājis (v)	[astɔŋkaːjis]

estrela-do-mar (f)	jūras zvaigzne (s)	[juːras zvaigzne]
ouriço-do-mar (m)	jūras ezis (v)	[juːras ezis]
cavalo-marinho (m)	jūras zirdziņš (v)	[juːras zirdziɲʃ]

ostra (f)	austere (s)	[austɛre]
camarão (m)	garnele (s)	[garnɛle]
lavagante (m)	omārs (v)	[ɔmaːrs]
lagosta (f)	langusts (v)	[laŋgusts]

140. Amfíbios. Répteis

serpente, cobra (f)	čūska (s)	[tʃuːska]
venenoso	indīga	[indiːga]

víbora (f)	odze (s)	[ɔdze]
cobra-capelo, naja (f)	kobra (s)	[kɔbra]
pitão (m)	pitons (v)	[pitɔns]
jiboia (f)	žņaudzējčūska (s)	[ʒɲaudzeːjtʃuːska]
cobra-de-água (f)	zalktis (v)	[zalktis]

cascavel (f)	klaburčūska (s)	[klaburtʃu:ska]
anaconda (f)	anakonda (s)	[anakɔnda]
lagarto (m)	ķirzaka (s)	[tʲirzaka]
iguana (f)	iguāna (s)	[igua:na]
varano (m)	varāns (v)	[vara:ns]
salamandra (f)	salamandra (s)	[salamandra]
camaleão (m)	hameleons (v)	[xamɛleɔns]
escorpião (m)	skorpions (v)	[skɔrpiɔns]
tartaruga (f)	bruņurupucis (v)	[bruɲuruputsis]
rã (f)	varde (s)	[varde]
sapo (m)	krupis (v)	[krupis]
crocodilo (m)	krokodils (v)	[krɔkɔdils]

141. Insetos

inseto (m)	kukainis (v)	[kukainis]
borboleta (f)	taurenis (v)	[taurenis]
formiga (f)	skudra (s)	[skudra]
mosca (f)	muša (s)	[muʃa]
mosquito (m)	ods (v)	[ɔds]
escaravelho (m)	vabole (s)	[vabɔle]
vespa (f)	lapsene (s)	[lapsɛne]
abelha (f)	bite (s)	[bite]
mamangava (f)	kamene (s)	[kamɛne]
moscardo (m)	dundurs (v)	[dundurs]
aranha (f)	zirneklis (v)	[zirneklis]
teia (f) de aranha	zirnekļtīkls (v)	[zirneklʲti:kls]
libélula (f)	spāre (s)	[spa:re]
gafanhoto-do-campo (m)	sienāzis (v)	[siɛna:zis]
traça (f)	tauriņš (v)	[tauriɲʃ]
barata (f)	prusaks (v)	[prusaks]
carraça (f)	ērce (s)	[e:rtse]
pulga (f)	blusa (s)	[blusa]
borrachudo (m)	knislis (v)	[knislis]
gafanhoto (m)	sisenis (v)	[sisenis]
caracol (m)	gliemezis (v)	[gliɛmezis]
grilo (m)	circenis (v)	[tsirtsenis]
pirilampo (m)	jāņtārpiņš (v)	[ja:ɲta:rpiɲʃ]
joaninha (f)	mārīte (s)	[ma:ri:te]
besouro (m)	maijvabole (s)	[maijvabɔle]
sanguessuga (f)	dēle (s)	[dɛ:le]
lagarta (f)	kāpurs (v)	[ka:purs]
minhoca (f)	tārps (v)	[ta:rps]
larva (f)	kāpurs (v)	[ka:purs]

Flora

142. Árvores

árvore (f)	koks (v)	[kɔks]
decídua	lapu koks	[lapu kɔks]
conífera	skujkoks	[skujkɔks]
perene	mūžzaļš	[muːʒzalʲʃ]

macieira (f)	ābele (s)	[aːbɛle]
pereira (f)	bumbiere (s)	[bumbiɛre]
cerejeira (f)	saldais ķirsis (v)	[saldais tʲirsis]
ginjeira (f)	skābais ķirsis (v)	[skaːbais tʲirsis]
ameixeira (f)	plūme (s)	[pluːme]

bétula (f)	bērzs (v)	[beːrzs]
carvalho (m)	ozols (v)	[ɔzɔls]
tília (f)	liepa (s)	[liɛpa]
choupo-tremedor (m)	apse (s)	[apse]
bordo (m)	kļava (s)	[klʲava]
espruce-europeu (m)	egle (s)	[egle]
pinheiro (m)	priede (s)	[priɛde]
alerce, lariço (m)	lapegle (s)	[lapegle]
abeto (m)	dižegle (s)	[diʒegle]
cedro (m)	ciedrs (v)	[tsiɛdrs]

choupo, álamo (m)	papele (s)	[papɛle]
tramazeira (f)	pīlādzis (v)	[piːlaːdzis]
salgueiro (m)	vītols (v)	[viːtɔls]
amieiro (m)	alksnis (v)	[alksnis]
faia (f)	dižskābardis (v)	[diʒskaːbardis]
ulmeiro (m)	vīksna (s)	[viːksna]
freixo (m)	osis (v)	[ɔsis]
castanheiro (m)	kastaņa (s)	[kastaɲa]

magnólia (f)	magnolija (s)	[magnɔlija]
palmeira (f)	palma (s)	[palma]
cipreste (m)	ciprese (s)	[tsiprɛse]

mangue (m)	mango koks (v)	[maŋgɔ kɔks]
embondeiro, baobá (m)	baobabs (v)	[baɔbabs]
eucalipto (m)	eikalipts (v)	[ɛikalipts]
sequoia (f)	sekvoja (s)	[sekvɔja]

143. Arbustos

arbusto (m)	Krūms (v)	[kruːms]
arbusto (m), moita (f)	krūmājs (v)	[kruːmaːjs]

videira (f)	vīnogas (v)	[viːnɔgas]
vinhedo (m)	vīnogulājs (v)	[viːnɔgulaːjs]

framboeseira (f)	avenājs (v)	[avɛnaːjs]
groselheira-preta (f)	upeņu krūms (v)	[upɛɲu kruːms]
groselheira-vermelha (f)	sarkano jāņogu krūms (v)	[sarkanɔ jaːɲɔgu kruːms]
groselheira (f) espinhosa	ērkšķogu krūms (v)	[eːrkʃtʲɔgu kruːms]

acácia (f)	akācija (s)	[akaːtsija]
bérberis (f)	bārbele (s)	[baːrbɛle]
jasmim (m)	jasmīns (v)	[jasmiːns]

junípero (m)	kadiķis (v)	[kaditʲis]
roseira (f)	rožu krūms (v)	[rɔʒu kruːms]
roseira (f) brava	mežroze (s)	[meʒrɔze]

144. Frutos. Bagas

fruta (f)	auglis (v)	[auglis]
frutas (f pl)	augļi (v dsk)	[auglʲi]
maçã (f)	ābols (v)	[aːbɔls]
pera (f)	bumbieris (v)	[bumbiɛris]
ameixa (f)	plūme (s)	[pluːme]

morango (m)	zemene (s)	[zɛmɛne]
ginja (f)	skābais ķirsis (v)	[skaːbais tʲirsis]
cereja (f)	saldais ķirsis (v)	[saldais tʲirsis]
uva (f)	vīnoga (s)	[viːnɔga]

framboesa (f)	avene (s)	[avɛne]
groselha (f) preta	upene (s)	[upɛne]
groselha (f) vermelha	sarkanā jāņoga (s)	[sarkana: jaːɲɔga]
groselha (f) espinhosa	ērkšķoga (s)	[eːrkʃtʲɔga]
oxicoco (m)	dzērvene (s)	[dzeːrvɛne]

laranja (f)	apelsīns (v)	[apɛlsiːns]
tangerina (f)	mandarīns (v)	[mandariːns]
ananás (m)	ananāss (v)	[ananaːs]

banana (f)	banāns (v)	[banaːns]
tâmara (f)	datele (s)	[datɛle]

limão (m)	citrons (v)	[tsitrɔns]
damasco (m)	aprikoze (s)	[aprikɔze]
pêssego (m)	persiks (v)	[pɛrsiks]

kiwi (m)	kivi (v)	[kivi]
toranja (f)	greipfrūts (v)	[grɛipfruːts]

baga (f)	oga (s)	[ɔga]
bagas (f pl)	ogas (s dsk)	[ɔgas]
arando (m) vermelho	brūklene (s)	[bruːklɛne]
morango-silvestre (m)	meža zemene (s)	[meʒa zɛmɛne]
mirtilo (m)	mellene (s)	[mellɛne]

145. Flores. Plantas

flor (f)	zieds (v)	[ziɛds]
ramo (m) de flores	ziedu pušķis (v)	[ziɛdu puʃtʲis]
rosa (f)	roze (s)	[rɔze]
tulipa (f)	tulpe (s)	[tulpe]
cravo (m)	neļķe (s)	[nelʲtʲe]
gladíolo (m)	gladiola (s)	[gladiola]
centáurea (f)	rudzupuķīte (s)	[rudzuputʲi:te]
campânula (f)	pulkstenīte (s)	[pulksteni:te]
dente-de-leão (m)	pienenīte (s)	[piɛneni:te]
camomila (f)	kumelīte (s)	[kumeli:te]
aloé (m)	alveja (s)	[alveja]
cato (m)	kaktuss (v)	[kaktus]
fícus (m)	gumijkoks (v)	[gumijkɔks]
lírio (m)	lilija (s)	[lilija]
gerânio (m)	ģerānija (s)	[dʲɛra:nija]
jacinto (m)	hiacinte (s)	[xiatsinte]
mimosa (f)	mimoza (s)	[mimɔza]
narciso (m)	narcise (s)	[nartsise]
capuchinha (f)	krese (s)	[krɛse]
orquídea (f)	orhideja (s)	[ɔrxideja]
peónia (f)	pujene (s)	[pujene]
violeta (f)	vijolīte (s)	[vijɔli:te]
amor-perfeito (m)	atraitnītes (s dsk)	[atraitni:tes]
não-me-esqueças (m)	neaizmirstule (s)	[neaizmirstule]
margarida (f)	margrietiņa (s)	[margriɛtiɲa]
papoula (f)	magone (s)	[magɔne]
cânhamo (m)	kaņepe (s)	[kaɲɛpe]
hortelã (f)	mētra (s)	[me:tra]
lírio-do-vale (m)	maijpuķīte (s)	[maijputʲi:te]
campânula-branca (f)	sniegpulkstenīte (s)	[sniɛgpulksteni:te]
urtiga (f)	nātre (s)	[na:tre]
azeda (f)	skābene (s)	[ska:bɛne]
nenúfar (m)	ūdensroze (s)	[u:densrɔze]
feto (m), samambaia (f)	paparde (s)	[paparde]
líquen (m)	ķērpis (v)	[tʲe:rpis]
estufa (f)	oranžērija (s)	[ɔranʒe:rija]
relvado (m)	zālājs (v)	[za:la:js]
canteiro (m) de flores	puķu dobe (s)	[putʲu dɔbe]
planta (f)	augs (v)	[augs]
erva (f)	zāle (s)	[za:le]
folha (f) de erva	zālīte (s)	[za:li:te]

folha (f)	**lapa** (s)	[lapa]
pétala (f)	**lapiņa** (s)	[lapiɲa]
talo (m)	**stiebrs** (v)	[stiɛbrs]
tubérculo (m)	**bumbulis** (v)	[bumbulis]
broto, rebento (m)	**dīglis** (v)	[diːglis]
espinho (m)	**ērkšķis** (v)	[eːrkʃtʲis]
florescer (vi)	**ziedēt**	[ziɛdeːt]
murchar (vi)	**novīt**	[nɔviːt]
cheiro (m)	**smarža** (s)	[smarʒa]
cortar (flores)	**nogriezt**	[nɔgriɛzt]
colher (uma flor)	**noplūkt**	[nɔpluːkt]

146. Cereais, grãos

grão (m)	**graudi** (v dsk)	[graudi]
cereais (plantas)	**graudaugi** (v dsk)	[graudaugi]
espiga (f)	**vārpa** (s)	[vaːrpa]
trigo (m)	**kvieši** (v dsk)	[kviɛʃi]
centeio (m)	**rudzi** (v dsk)	[rudzi]
aveia (f)	**auzas** (s dsk)	[auzas]
milho-miúdo (m)	**prosa** (s)	[prɔsa]
cevada (f)	**mieži** (v dsk)	[miɛʒi]
milho (m)	**kukurūza** (s)	[kukuruːza]
arroz (m)	**rīsi** (v dsk)	[riːsi]
trigo-sarraceno (m)	**griķi** (v dsk)	[gritʲi]
ervilha (f)	**zirnis** (v)	[zirnis]
feijão (m)	**pupiņas** (s dsk)	[pupiɲas]
soja (f)	**soja** (s)	[sɔja]
lentilha (f)	**lēcas** (s dsk)	[leːtsas]
fava (f)	**pupas** (s dsk)	[pupas]

PAÍSES. NACIONALIDADES

147. Europa Ocidental

Europa (f)	Eiropa (s)	[εirɔpa]
União (f) Europeia	Eiropas Savienība (s)	[εirɔpas saviεni:ba]
Áustria (f)	Austrija (s)	[austrija]
Grã-Bretanha (f)	Lielbritānija (s)	[liεlbrita:nija]
Inglaterra (f)	Anglija (s)	[aŋglija]
Bélgica (f)	Beļģija (s)	[belʲdʲija]
Alemanha (f)	Vācija (s)	[va:tsija]
Países (m pl) Baixos	Nīderlande (s)	[ni:derlande]
Holanda (f)	Holande (s)	[xɔlande]
Grécia (f)	Grieķija (s)	[griεtʲija]
Dinamarca (f)	Dānija (s)	[da:nija]
Irlanda (f)	Īrija (s)	[i:rija]
Islândia (f)	Īslande (s)	[i:slande]
Espanha (f)	Spānija (s)	[spa:nija]
Itália (f)	Itālija (s)	[ita:lija]
Chipre (m)	Kipra (s)	[kipra]
Malta (f)	Malta (s)	[malta]
Noruega (f)	Norvēģija (s)	[nɔrve:dʲija]
Portugal (m)	Portugāle (s)	[pɔrtuga:le]
Finlândia (f)	Somija (s)	[sɔmija]
França (f)	Francija (s)	[frantsija]
Suécia (f)	Zviedrija (s)	[zviεdrija]
Suíça (f)	Šveice (s)	[ʃvεitse]
Escócia (f)	Skotija (s)	[skɔtija]
Vaticano (m)	Vatikāns (v)	[vatika:ns]
Liechtenstein (m)	Lihtenšteina (s)	[lixtenʃtεina]
Luxemburgo (m)	Luksemburga (s)	[luksemburga]
Mónaco (m)	Monako (s)	[mɔnakɔ]

148. Europa Central e de Leste

Albânia (f)	Albānija (s)	[alba:nija]
Bulgária (f)	Bulgārija (s)	[bulga:rija]
Hungria (f)	Ungārija (s)	[uŋga:rija]
Letónia (f)	Latvija (s)	[latvija]
Lituânia (f)	Lietuva (s)	[liεtuva]
Polónia (f)	Polija (s)	[pɔlija]

Roménia (f)	Rumānija (s)	[ruma:nija]
Sérvia (f)	Serbija (s)	[serbija]
Eslováquia (f)	Slovākija (s)	[slɔva:kija]

Croácia (f)	Horvātija (s)	[xɔrva:tija]
República (f) Checa	Čehija (s)	[tʃexija]
Estónia (f)	Igaunija (s)	[igaunija]

Bósnia e Herzegovina (f)	Bosnija un Hercegovina (s)	[bɔsnija un xertsegɔvina]
Macedónia (f)	Maķedonija (s)	[matʲedɔnija]
Eslovénia (f)	Slovēnija (s)	[slɔve:nija]
Montenegro (m)	Melnkalne (s)	[melnkalne]

149. Países da ex-URSS

| Azerbaijão (m) | Azerbaidžāna (s) | [azerbaidʒa:na] |
| Arménia (f) | Armēnija (s) | [arme:nija] |

Bielorrússia (f)	Baltkrievija (s)	[baltkriɛvija]
Geórgia (f)	Gruzija (s)	[gruzija]
Cazaquistão (m)	Kazahstāna (s)	[kazaxsta:na]
Quirguistão (m)	Kirgizstāna (s)	[kirgizsta:na]
Moldávia (f)	Moldova (s)	[mɔldɔva]

| Rússia (f) | Krievija (s) | [kriɛvija] |
| Ucrânia (f) | Ukraina (s) | [ukraina] |

Tajiquistão (m)	Tadžikistāna (s)	[tadʒikista:na]
Turquemenistão (m)	Turkmenistāna (s)	[turkmenista:na]
Uzbequistão (f)	Uzbekistāna (s)	[uzbekista:na]

150. Asia

Ásia (f)	Āzija (s)	[a:zija]
Vietname (m)	Vjetnama (s)	[vjetnama]
Índia (f)	Indija (s)	[indija]
Israel (m)	Izraēla (s)	[izraɛ:la]

China (f)	Ķīna (s)	[tʲi:na]
Líbano (m)	Libāna (s)	[liba:na]
Mongólia (f)	Mongolija (s)	[mɔŋgɔlija]

| Malásia (f) | Malaizija (s) | [malaizija] |
| Paquistão (m) | Pakistāna (s) | [pakista:na] |

Arábia (f) Saudita	Saūda Arābija (s)	[sau:da ara:bija]
Tailândia (f)	Taizeme (s)	[taizɛme]
Taiwan (m)	Taivāna (s)	[taiva:na]
Turquia (f)	Turcija (s)	[turtsija]
Japão (m)	Japāna (s)	[japa:na]
Afeganistão (m)	Afganistāna (s)	[afganista:na]
Bangladesh (m)	Bangladeša (s)	[baŋgladeʃa]

| Indonésia (f) | Indonēzija (s) | [indɔneːzija] |
| Jordânia (f) | Jordānija (s) | [jɔrdaːnija] |

Iraque (m)	Irāka (s)	[iraːka]
Irão (m)	Irāna (s)	[iraːna]
Camboja (f)	Kambodža (s)	[kambɔdʒa]
Kuwait (m)	Kuveita (s)	[kuvɛita]

Laos (m)	Laosa (s)	[laɔsa]
Myanmar (m), Birmânia (f)	Mjanma (s)	[mjanma]
Nepal (m)	Nepāla (s)	[nɛpaːla]
Emirados Árabes Unidos	Apvienotie Arābu Emirāti (v dsk)	[apviɛnɔtiɛ araːbu emiraːti]

| Síria (f) | Sīrija (s) | [siːrija] |
| Palestina (f) | Palestīna (s) | [palestiːna] |

| Coreia do Sul (f) | Dienvidkoreja (s) | [diɛnvidkɔreja] |
| Coreia do Norte (f) | Ziemeļkoreja (s) | [ziɛmelʲkɔreja] |

151. América do Norte

Estados Unidos da América	Amerikas Savienotās Valstis (s dsk)	[amerikas saviɛnɔtaːs valstis]
Canadá (m)	Kanāda (s)	[kanaːda]
México (m)	Meksika (s)	[meksika]

152. América Central do Sul

Argentina (f)	Argentīna (s)	[argentiːna]
Brasil (m)	Brazīlija (s)	[braziːlija]
Colômbia (f)	Kolumbija (s)	[kɔlumbija]

| Cuba (f) | Kuba (s) | [kuba] |
| Chile (m) | Čīle (s) | [tʃiːle] |

| Bolívia (f) | Bolīvija (s) | [bɔliːvija] |
| Venezuela (f) | Venecuēla (s) | [vɛnetsuɛːla] |

| Paraguai (m) | Paragvaja (s) | [paragvaja] |
| Peru (m) | Peru (v) | [pɛru] |

Suriname (m)	Surinama (s)	[surinama]
Uruguai (m)	Urugvaja (s)	[urugvaja]
Equador (m)	Ekvadora (s)	[ekvadɔra]

| Bahamas (f pl) | Bahamu salas (s dsk) | [baxamu salas] |
| Haiti (m) | Haiti (v) | [xaiti] |

República (f) Dominicana	Dominikas Republika (s)	[dɔminikas rɛpublika]
Panamá (m)	Panama (s)	[panama]
Jamaica (f)	Jamaika (s)	[jamaika]

153. Africa

Egito (m)	Ēģipte (s)	[e:dʲipte]
Marrocos	Maroka (s)	[marɔka]
Tunísia (f)	Tunisija (s)	[tunisija]
Gana (f)	Gana (s)	[gana]
Zanzibar (m)	Zanzibāra (s)	[zanziba:ra]
Quénia (f)	Kenija (s)	[kenija]
Líbia (f)	Lībija (s)	[li:bija]
Madagáscar (m)	Madagaskara (s)	[madagaskara]
Namíbia (f)	Namībija (s)	[nami:bija]
Senegal (m)	Senegāla (s)	[senɛga:la]
Tanzânia (f)	Tanzānija (s)	[tanza:nija]
África do Sul (f)	Dienvidāfrikas Republika (s)	[diɛnvida:frikas rɛpublika]

154. Austrália. Oceania

Austrália (f)	Austrālija (s)	[austra:lija]
Nova Zelândia (f)	Jaunzēlande (s)	[jaunzɛ:lande]
Tasmânia (f)	Tasmānija (s)	[tasma:nija]
Polinésia Francesa (f)	Franču Polinēzija (s)	[frantʃu pɔline:zija]

155. Cidades

Amesterdão	Amsterdama (s)	[amsterdama]
Ancara	Ankara (s)	[ankara]
Atenas	Atēnas (s dsk)	[atɛ:nas]
Bagdade	Bagdāde (s)	[bagda:de]
Banguecoque	Bangkoka (s)	[baŋgkɔka]
Barcelona	Barselona (s)	[barselɔna]
Beirute	Beiruta (s)	[bɛiruta]
Berlim	Berlīne (s)	[berli:ne]
Bombaim	Bombeja (s)	[bɔmbeja]
Bona	Bonna (s)	[bɔnna]
Bordéus	Bordo (s)	[bɔrdɔ]
Bratislava	Bratislava (s)	[bratislava]
Bruxelas	Brisele (s)	[brisɛle]
Bucareste	Bukareste (s)	[bukareste]
Budapeste	Budapešta (s)	[budapeʃta]
Cairo	Kaira (s)	[kaira]
Calcutá	Kalkuta (s)	[kalkuta]
Chicago	Čikāga (s)	[tʃika:ga]
Cidade do México	Mehiko (s)	[mexikɔ]
Copenhaga	Kopenhāgena (s)	[kɔpenxa:gena]
Dar es Salaam	Daresalāma (s)	[darɛsala:ma]

Deli	**Deli** (s)	[deli]
Dubai	**Dubaija** (s)	[dubaija]
Dublin, Dublim	**Dublina** (s)	[dublina]
Düsseldorf	**Diseldorfa** (s)	[diseldɔrfa]
Estocolmo	**Stokholma** (s)	[stɔkxɔlma]
Florença	**Florence** (s)	[flɔrentse]
Frankfurt	**Frankfurte** (s)	[frankfurte]
Genebra	**Ženēva** (s)	[ʒɛnɛːva]
Haia	**Hāga** (s)	[xaːga]
Hamburgo	**Hamburga** (s)	[xamburga]
Hanói	**Hanoja** (s)	[xanɔja]
Havana	**Havana** (s)	[xavana]
Helsínquia	**Helsinki** (v dsk)	[xɛlsinki]
Hiroshima	**Hirosima** (s)	[xirɔsima]
Hong Kong	**Honkonga** (s)	[xɔnkɔŋga]
Istambul	**Stambula** (s)	[stambula]
Jerusalém	**Jeruzaleme** (s)	[jeruzalɛme]
Kiev	**Kijeva** (s)	[kijeva]
Kuala Lumpur	**Kualalumpura** (s)	[kualalumpura]
Lisboa	**Lisabona** (s)	[lisabɔna]
Londres	**Londona** (s)	[lɔndɔna]
Los Angeles	**Losandželosa** (s)	[lɔsandʒelɔsa]
Lion	**Liona** (s)	[liɔna]
Madrid	**Madride** (s)	[madride]
Marselha	**Marseļa** (s)	[marsɛlʲa]
Miami	**Maiami** (s)	[maiami]
Montreal	**Monreāla** (s)	[mɔnreaːla]
Moscovo	**Maskava** (s)	[maskava]
Munique	**Minhene** (s)	[minxɛne]
Nairóbi	**Nairobi** (v)	[nairɔbi]
Nápoles	**Neapole** (s)	[neapɔle]
Nice	**Nica** (s)	[nitsa]
Nova York	**Ņujorka** (s)	[ɲujɔrka]
Oslo	**Oslo** (s)	[ɔslɔ]
Ottawa	**Otava** (s)	[ɔtava]
Paris	**Parīze** (s)	[pariːze]
Pequim	**Pekina** (s)	[pekina]
Praga	**Prāga** (s)	[praːga]
Rio de Janeiro	**Riodeženeiro** (s)	[riɔdeʒenɛirɔ]
Roma	**Roma** (s)	[rɔma]
São Petersburgo	**Sanktpēterburga** (s)	[sanktpɛːterburga]
Seul	**Seula** (s)	[sɛula]
Singapura	**Singapūra** (s)	[siŋgapuːra]
Sydney	**Sidneja** (s)	[sidneja]
Taipé	**Taipeja** (s)	[taipeja]
Tóquio	**Tokija** (s)	[tɔkija]
Toronto	**Toronto** (s)	[tɔrɔntɔ]
Varsóvia	**Varšava** (s)	[varʃava]

Veneza	**Venēcija** (s)	[vɛneːtsija]
Viena	**Vīne** (s)	[viːne]
Washington	**Vašingtona** (s)	[vaʃiŋgtɔna]
Xangai	**Šanhaja** (s)	[ʃanxaja]

www.ingramcontent.com/pod-product-compliance
Lightning Source LLC
Chambersburg PA
CBHW070555050426
42450CB00011B/2869